Susanne Hornfeck · Nelly Ma

Die acht Schätze der chinesischen Heilküche

Deutscher Taschenbuch Verlag

Von Susanne Hornfeck und Nelly Ma
ist im Deutschen Taschenbuch Verlag erschienen:

Chinesische Hausmittel (36286)

Originalausgabe
Oktober 2004

www.dtv.de

Umschlagkonzept: Balk & Brumshagen
Umschlagbild: © Karl Newedel
Kalligraphien: © Nelly Ma
Illustrationen: © He Gen De
Gestaltung und Satz: Offizin Wissenbach, Höchberg bei Würzburg
Gesetzt aus der 10/13˙ Rotis
Druck und Bindung: Druckerei C. H. Beck, Nördlingen
Gedruckt auf säurefreiem, chlorfrei gebleichtem Papier
Printed in Germany · ISBN 3-423-34125-4

Shi bu yan jing,
kuai bu yan xi

Mit der Nahrung kann man nicht wählerisch genug sein,
bei ihrer Zubereitung kann man nicht genau genug sein.
KONFUZIUS

Inhalt

Einleitung

Essen – Heilanwendung oder Genuss? Über den Zweck dieses Buches

Chile mei you? – Haben Sie schon gegessen? Diese Begrüßung ersetzt in China unsere Frage »Wie geht es Ihnen?«. Ernährung wurde im Reich der Mitte schon immer in engem Zusammenhang mit dem allgemeinen Wohlbefinden gesehen. Man hat früh erkannt, dass Nahrungsmittel nicht nur eine Quelle des Genusses sind, sondern – bei richtiger Anwendung – auch heilsam auf den Körper einwirken. Die traditionelle chinesische Medizin (TCM) hat die Wirkung der Nahrung auf den Körper über mehrere Jahrtausende beobachtet und erforscht und eine systematische Verbindung zwischen Ernährung und Medizin hergestellt. Aus diesem Wissen entwickelte sich eine Diätetik, die in die Heilkunde ebenso eingegangen ist wie in die Alltagsküche.

Inzwischen hat auch die westliche Ernährungswissenschaft mit ihren analytischen Methoden die Wirksamkeit einiger wertvoller Inhaltsstoffe in den für die chinesische Küche typischen Nahrungsmitteln erkannt und bearbeitet. Sie werden bei uns, wie im Fall von Soja oder Heilpilzen, in konzentrierter Form als Nahrungsergänzungsmittel angeboten. Doch warum Pillen schlucken, wenn wir diese Wirkstoffe ebenso gut auf wohlschmeckende und natürliche Weise in unseren Speisezettel integrieren können? Und dass gesundes Essen nicht fad und langweilig schmecken muss, davon werden Sie die Rezepte überzeugen. Wir möchten Ihnen in diesem Buch acht Schätze aus der chinesischen Diätetik in ihrer spezifischen Heilwirkung vorstellen und Ihnen zeigen, wie Sie diese zubereiten können. Dabei unterscheiden wir:

Heilrezepte, die bei bestimmten Krankheitsbildern helfen und deren Zutaten in ihrer Wirkung genau aufeinander abgestimmt sind

Kulinarische Rezepte, die die Heilwirkung der Substanzen zur allgemeinen Gesundheitspflege nutzen

Kosmetische Anwendungen

Tipps für den Haushalt

Mithilfe des Registers können Sie passende Rezepte finden, die der Therapie und Prophylaxe von Alltagsbeschwerden dienen, gegen Zivilisationskrankheiten wie Bluthochdruck, Diabetes und Krebs schützen oder Ihre Lebenserwartung verlängern. Eine Behandlung durch Heildiät erfordert allerdings eine gewisse Geduld, da diese sanfte Methode erst nach mehrmaliger Anwendung Wirkung zeigt. Bei akuten und anhaltenden Beschwerden kann sie einen Arztbesuch nicht ersetzen.

Was die acht Schätze auszeichnet

Die westliche Ernährungslehre hat Nahrungsmittel vorzugsweise danach beurteilt, welchen Nährstoff- und Vitamingehalt sie aufweisen. In China hat man das Augenmerk mehr auf ihre Leistung bei der Vorbeugung und Heilung von Krankheiten gelegt. In dieser Hinsicht haben sich die hier versammelten »acht Schätze« als besonders wirksam erwiesen.

Inzwischen hat auch bei uns ein Umdenken stattgefunden. So hat etwa eine Studie des Staatlichen Krebsforschungsinstituts der USA 40 Nahrungsmittel pflanzlichen Ursprungs darauf getestet, inwiefern sie der Krebsvorsorge dienen können. Fünf der von uns behandelten pflanzlichen Produkte – nämlich Knoblauch, Chinakohl, Sojabohne, Ingwer und Zwiebel – rangieren dabei in der Spitzengruppe. Auch die Erforschung der Heilpilze hat in dieser Hinsicht beeindruckende Ergebnisse erzielt (siehe S. 143, Kap. Pilze). Sie können also mit den acht Schätzen nicht nur Ihren Speisezettel schmackhafter gestalten, sondern zugleich Ihrer Gesundheit einen großen Dienst erweisen.

Nahrung, die wärmt oder kühlt

Grundsätzlich lässt sich sagen, dass die TCM immer auf Ausgleich in den Funktionskreisen des Körpers bedacht ist. Die Gegensatzpaare *yin* und *yang*, warm und kalt, Leere und Fülle (das bedeutet Mangel oder Überschuss an der vitalen Energie *qi*) sollen in ein harmonisches Gleichgewicht gebracht werden. Diesen Ausgleich erreicht sie durch Akupunktur bzw. Akupressur, durch Übungsformen wie Qi Gong oder Tai Chi und durch das Essen, das eine besonders wirkungsvolle Einflussnahme auf das Körpergeschehen darstellt.

In der chinesischen Ernährungslehre und Medizin werden einzelnen Nahrungsmitteln die Eigenschaften »heiß«, »warm«, »neutral«, »kühl« und »kalt« zugewiesen. Damit charakterisiert man ihre energetische Wirkung auf den Menschen. Nur wenn die thermischen Qualitäten ausgewogen sind, kann die Ernährung *yin* und *yang* im Körper stärken. Darauf basieren viele Grundprinzipien der besonders bekömmlichen chinesischen Küche. Bestimmte Jahreszeiten und Krankheitszustände werden durch ein Zuviel an Hitze oder Kälte charakterisiert. Bewusst eingesetzte Nahrungsmittel und Gerichte können hier Ausgleich schaffen, Krankheiten vorbeugen und bei gezielter Diät auch heilen.

- Heiße Nahrungsmittel mobilisieren die Abwehrkräfte und verhindern Kältezustände im Körper. Dazu gehören scharfe Gewürze, schwarzer Pfeffer, Curry, Zimt, Muskat und Knoblauch, außerdem getrockneter Ingwer, Chili und hochprozentiger Alkohol, Früchte wie Aprikosen, Ananas und Grapefruit. Fenchel, Paprika und weißer Rettich sowie Hammel und alle gegrillten Fleischgerichte werden dieser Gruppe zugeordnet.
- Warme Nahrungsmittel erwärmen den Körper, können aber in größeren Mengen verzehrt werden als die heißen Nahrungsmittel. Dazu zählen: frischer Ingwer, Lauch, Zwiebeln und Schalotten, rote Bete, Huhn, Lamm und die meisten Fischsorten sowie Käse. Als warme Früchte gelten: Pfirsiche, süße Melonen, Pflaumen, Beeren, Kirschen, Litschi, Kumquat und Getränke wie schwarzer Tee, Kakao und Rotwein sowie Essig.
- Neutrale Nahrungsmittel bauen *qi* auf und harmonisieren *yin* und *yang*, sie sind besonders verträglich und schonend für den Körper. Dazu zählen Butter, Milch, Eier, Sauermilchprodukte, die Getreidesorten Dinkel, Hirse und Mais, Kartoffeln,

Möhren, Pilze, Kohl, Feldsalat, Rindfleisch, Hülsenfrüchte und Nüsse sowie Trauben und als Getränk Malzbier.

- Kühle Nahrungsmittel unterstützen die Bildung von Körpersäften und Blut und befeuchten Schleimhäute und Gewebe. Kühl sind die meisten Gemüsesorten und Salate, einheimische Früchte und Mandarinen, Kräutertees (außer Fencheltee, der heiß ist), Sojasprossen, Tofu und Weizen sowie die Geflügelsorten Ente und Pute.
- Kalte Nahrungsmittel treiben, vor allem im Sommer oder bei bestimmten Krankheitsbildern, innere Hitze aus, sollten aber nicht im Übermaß genossen werden. Insbesondere Schwangere und Frauen im Klimakterium sollten sie meiden. Zu den kalten Nahrungsmitteln zählen unter anderem Bananen, Orangen und Zitronen, Kiwis, Papaya, Avocado, Spargel und Kürbis, Tomaten, Salatgurken, Joghurt sowie Wild und Meeresalgen. Kalte Getränke sind: grüner Tee, Mineralwasser und Bier.

Heilen und Genießen müssen also kein Widerspruch sein. In China hat das Essen einen höheren Stellenwert als in den meisten anderen Kulturen. Die Verbraucher achten sehr genau auf Qualität und Frische der Ware, wissen über ihre gesundheitliche Wirkung Bescheid und kennen eine Vielzahl schonender Zubereitungsarten. Dies alles gehört wie selbstverständlich zum Alltagswissen, und die Autorinnen haben während ihrer langen Aufenthalte im Land am eigenen Leib erfahren, wie lebendig dieses Wissen auch heute noch ist. Da warnten etwa die Studenten ihre erkältete Dozentin vor dem Verzehr einer Banane, weil sie »zu kalt« sei, und in der Schule wurde den Schülern ein »wärmender« Ingwertee gekocht, weil sie in den Regen gekommen waren.

Die Grundausstattung der Chinaküche

Die Zutaten zu den hier versammelten Rezepten sind preiswert und leicht zu bekommen, und Sie brauchen für ihre Zubereitung keine besondere Ausstattung. Wer chinesisch kocht, muss anschließend keine Töpfe spülen. Alle Gerichte werden im Wok zubereitet, wobei dieser zwischendurch nur kurz mit heißem Wasser oder Küchenkrepp gereinigt wird.

Wok oder Pfanne?

Kurzgebraten wird in China traditionellerweise im Wok. Das setzt allerdings eine Kochmulde voraus. Inzwischen gibt es hier auch Modelle, die einen flachen Boden haben und sich unseren Herden anpassen. Ersetzt werden kann der Wok durch eine Pfanne mit hohem Rand. Zum Bewegen des Kochguts werden von Profis extralange Kochstäbchen benutzt. Wer damit nicht umgehen kann, benutzt eine hölzerne Backschaufel.

Dämpfer

Eine wichtige und besonders schonende Zubereitungsart, vor allem in der Heildiät, ist das Dämpfen. Entweder man verwendet dazu einen der dekorativen Dämpfkörbe aus Bambus (auf dem Umschlag dieses Buches abgebildet) oder einen der hier gebräuchlichen Kartoffeldämpfer. Man kann jedoch auch improvisieren:

Spülen Sie eine flache, ovale Fischdose gut aus, machen Sie Löcher ins Blech und stellen Sie sie mit den Löchern nach oben als Untersetzer in einen Topf, dessen Boden mit Wasser bedeckt ist. Kochgut in einer Schale oder einem tiefen Teller daraufstellen, Deckel zu und fertig.

Chinabeil und Schneidbrett

Da das exakte Schneiden des Kochguts in der Chinaküche so wichtig ist, brauchen Sie unbedingt scharfe Messer, darunter möglichst ein gut geschliffenes Chinabeil. Unerlässlich sind ein stabiles, hölzernes Schneidbrett oder ein Hackblock, wobei in China hartes Hirnholz bevorzugt wird. Der Block sollte nicht in Wasser eingeweicht werden, sondern wird nach jedem Gebrauch mit der Klinge abgezogen und mit heißem Wasser gereinigt.

Entsaften und Zerstoßen

In der Heildiät werden Zutaten häufig zerstoßen und entsaftet, um Pasten zur äußeren Anwendung oder Frischsaft herzustellen. Zum Zerkleinern benutzt man je nach Größe des Materials einen Mörser, eine Ingwerreibe oder eine Presse (Knoblauch). Die Paste kann dann in einem Stück Mull noch weiter ausgepresst werden. Bei größerem Gemüse, etwa Rettich, ist ein elektrischer Entsafter nützlich.

Auf das Schneiden kommt es an

Selbst zur Zubereitungsart von Speisen hat sich der Philosoph und Menschheitslehrer Konfuzius geäußert. Schon vor über zweitausend Jahren warnte er:

Se e bu shi – Iss nichts, was eine unschöne Farbe hat.
Chou e bu shi – Iss nichts, was übel riecht.
Shiren bu shi – Iss keine schlecht zubereiteten Speisen.
Vor allem aber wusste er: Auf das Schneiden kommt es an!
Ge bu zheng bu shi – Iss nichts, was nicht sachgerecht geschnitten ist.

Diese Hervorhebung des Schneidens, das in der chinesischen Küche einen größeren Zeitaufwand benötigt als das eigentliche Kochen, hat sowohl ästhetische wie auch kochtechnische Gründe. Da der Kochvorgang sehr kurz ist, müssen alle Zutaten gleichzeitig gar werden und daher etwa gleich groß geschnitten sein. Die Form der Stücke richtet sich nach Wuchsform, Faserung und Konsistenz des Materials. Innerhalb eines Gerichts sollte idealerweise eine Grundform vorherrschen; also Streifen zu Streifen, Würfel zu Würfel und Scheiben zu Scheiben. Bei manchen Materialien, wie zum Beispiel bei Chinakohl, soll die Schnittfläche der Scheiben möglichst groß sein, damit die Gewürze gut eindringen können. In einem solchen Fall wird das Messer schräg angesetzt.

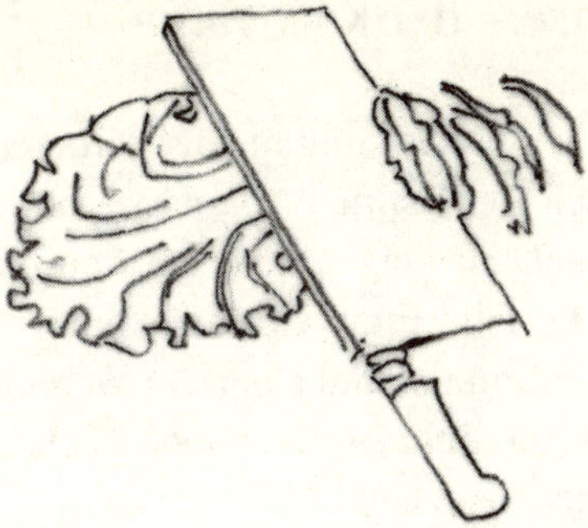

Bei vielen Gerichten kommen zunächst die Aromaspender Frühlingszwiebeln, Knoblauch und Ingwer in die Pfanne. Diese müssen, um ihr Aroma optimal entfalten zu können, unterschiedlich geschnitten werden:

Frühlingszwiebel

Abschnitte 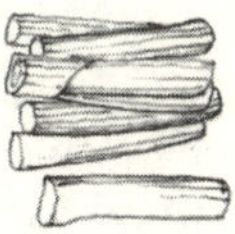 feine Streifen 

Ringe  diagonale Scheiben 

Ingwer bzw. Knoblauch

Scheiben  feine Streifen 

fein gehackt 

Die heiße Phase – der Kochvorgang

In der chinesischen Küche nimmt die Vorbereitung der Zutaten die meiste Zeit in Anspruch. Da das Kochgut bereits klein geschnitten ist, geht das eigentliche Kochen oder Braten sehr schnell. Vor allem beim Pfannenrühren muss das Kochgut in der sehr heißen Pfanne ständig bewegt werden. Daher bleibt in dieser Phase keine Zeit, im Kochbuch nachzulesen oder die Zutaten zusammenzusuchen. Also vorher den Ablauf genau planen und die Zutaten abgewogen in Reichweite bereitstellen.

Folgende Zutaten sind in einer chinesischen Küche in unmittelbarer Nähe des Herdes platziert:

Speiseöl Zum Braten können alle geschmacksneutralen pflanzlichen Öle verwendet werden, die für hohe Temperaturen geeignet sind. Man sollte das Öl in die sich erwärmende Pfanne geben und das Kochgut erst hinzugeben, wenn das Öl heiß ist. Keine Angst vor Fettspritzern. In der chinesischen Küche muss es zischen. Lieber einmal mehr den Herd putzen als wertvolle Inhaltsstoffe vergeuden.

Sojasoße Für die meisten Gerichte benötigen Sie die helle Sojasoße, die mittlerweile überall erhältlich ist.

Reisessig Man unterscheidet hellen und dunklen Reisessig. Die dunkle Variante (vergleichbar unserem Balsamessig) ist aromatischer, hat wenig Säure, färbt aber manche Gerichte unerwünscht ein. In solchen Fällen kommt heller Reisessig zum Einsatz. Beides ist im Chinaladen in unterschiedlichen Qualitäten erhältlich.

Reiswein Reiswein erhalten Sie, meist unter der Bezeichnung *shaoxing jiu*, im Chinaladen. Er kann aber auch durch einen trockenen Sherry ersetzt werden.

Sesamöl Sesamöl wird nur in Ausnahmefällen zum Braten benutzt, es dient der Aromatisierung und darf deshalb erst nach dem Kochvorgang auf die Speise geträufelt werden.

Zucker Zucker spielt in der chinesischen Küche eine fast ebenso wichtige Rolle wie das **Salz**. Beides sollte beim Kochen immer greifbar sein.

In Chinarestaurants steht neben diesen Zutaten immer auch der Behälter mit dem **Glutamat**, das in der Heildiät allerdings nicht verwendet werden sollte.

Glutamat

Glutamat (Mononatriumglutamat) ist besser als sein Ruf, daher hier ein paar Worte zu Herkunft und Anwendung dieser »Geschmacksessenz« (*weijing*). Bei Heilgerichten, wo es auf die genau abgestimmte Wirkung der Zutaten ankommt, wird es grundsätzlich nicht verwendet, kann aber den Geschmack normaler Gerichte, vor allem bei Suppen, positiv beeinflussen und kann bei kochsalzarmer Ernährung hilfreich sein, da es viel weniger Natrium enthält als Salz.

Die Glutaminsäure, eine organische Aminosäure, wurde erstmals 1866 von dem deutschen Chemiker Ritthausen aus Weizenkleber (Gluten) isoliert, blieb aber ohne praktische Bedeutung. Anfang des 20. Jahrhunderts wurde dann in Japan dieselbe Substanz in Meeresalgen entdeckt und systematisch (später ebenfalls aus Weizen) produziert. Man hatte erkannt, dass sie in der Lage ist, das Eigenaroma der Zutaten in einem Gericht hervorzuheben, und nannte das kristalline Pulver daher *aji-no-moto*, »Geschmacksessenz«. Es fand auch in China viele Anhänger und ist dort inzwischen zu einem festen Bestandteil der Restaurantküchen geworden.

Hier liegt auch das Problem, denn das so genannte »Chinarestaurant-Syndrom« (Kopfschmerzen und Taubheit im Nacken), an dem manche Menschen nach einem Besuch »beim Chinesen« leiden, wird vor allem durch übermäßigen und falschen Gebrauch des Pulvers verursacht.

– Glutamat sollte nicht über 120 Grad erhitzt werden. Dann verliert es seinen geschmacksverstärkenden Effekt und wirkt toxisch. Man sollte es also nie mit in die Pfanne geben oder mitkochen, sondern erst bei einer Temperatur von 70–80° Celsius über die Speisen geben, nachdem diese vom Feuer genommen wurden.

– Glutamat kann seine geschmacksverstärkende Wirkung nur in saurem oder neutralen Milieu entfalten, weshalb eine Verwendung in vorwiegend basischen Speisen zwecklos ist.

– Glutamat sollte nicht wahllos an die Gerichte gegeben werden, Speisen mit starkem Eigengeschmack bedürfen seiner nicht. Seine beste Wirkung entfaltet es in sanften Suppen. Auch das ist ein Grund, warum es bei uns gelegentlich zu Unverträglichkeit kommt. Während man sich hier die glutamathaltige Suppe in den leeren Magen löffelt, »trinkt« sie der Chinese nach dem Mahl, um den Gaumen zu spülen.

– Glutamat sollte man immer nur in sehr kleinen Mengen (je nach Portion eine Messerspitze oder höchstens einen halben Teelöffel) verwenden und nie wie Salz über Salate streuen. Andernfalls können sich die Kristalle nicht lösen und verursachen möglicherweise Reizungen im Magen-Darm-Bereich. Achten Sie in diesem Zusammenhang auch auf die unsachgemäße Verwendung bei handelsüblichen Kartoffelchips oder Reiskräckern.

Die Portionierung

Chinesische Gerichte sind immer für mehrere Personen berechnet, da man gemeinsam um den Tisch sitzt und sich von allen aufgetragenen Speisen in seine Schale füllt. Dabei gilt die Grundregel: immer ein Gericht mehr als Personen, bei Banketten ungefähr die doppelte Anzahl.

Anders ist das bei der Heildiät, da der Patient das Gericht in der Regel für sich allein zubereitet und es mehrfach zu sich nehmen sollte. Entsprechende Angaben finden Sie in den Rezepten.

Ingwer

姜

Zingiber officinale

Der Ingwer ist eine mehrjährige Staudenpflanze, die aus dem Wurzelstock austreibt und zur Familie der Ingwergewächse, *zingiberacea,* gehört. Sie ist in China und ganz Südostasien heimisch, wo sie nachweislich seit dreitausend Jahren angebaut wird. Die alte Schreibung ihres chinesischen Namens *jiang* ähnelt dem Schriftzeichen für »Grenze«, was darauf hinweist, dass sie ursprünglich nicht einheimisch war, sondern aus den angrenzenden südostasiatischen Ländern gekommen ist. Die erste Nachricht über die lebende Pflanze stammt angeblich von Marco Polo. Während sie in Europa und Amerika als Aroma- und Duftstoff geschätzt wurde, wird sie in China immer schon als Würz- und Heilmittel eingesetzt, wobei nur die Knolle genutzt wird. Die beigefarbene Ingwerknolle, das Rhizom, liebt feuchtwarmes Klima, wächst horizontal im Boden und verzweigt sich geweihartig. Die glänzend grünen Blätter der schilfartigen Staude müssen allerdings vor der Sonne geschützt werden. Geerntet wird normalerweise im Herbst, indem man die Feinwurzeln sowie Stängel und Blätter entfernt.

Sollten Sie zufällig einmal eine Knolle erwischen, die bereits einen grünen Trieb zeigt, dann setzen Sie sie in sandige Erde. Mit etwas Geduld werden Sie eine Pflanze mit dekorativen, sattgrünen Blättern erhalten, die nach Ingwer duften, wenn man sie zerreibt. Leider schafft man es unter diesen Bedingungen kaum, dass die Staude ihre hübschen gelbgrünen Blüten treibt. Mittlerweile sieht man in Blumenläden immer häufiger die attraktiven rosafarbenen Kurkuma-Blüten, die denen des Ingwer ähnlich sind und zur selben Familie gehören.

In der chinesischen Medizin und Ernährungslehre wird dem Ingwer die thermische Qualität »warm« zugeschrieben, seine Geschmacksrichtung ist die Schärfe. Er beeinflusst die Meridiane von Milz, Magen und Lunge, wärmt die Mitte, kräftigt den Magen, wirkt entkrampfend und vertreibt Kälte. Die Ingwerschale dagegen ist »kalt« und gilt als harntreibend.

In der medizinischen Anwendung unterscheidet man die Sorten *shengjiang*, so genannter frischer Ingwer, *ganjiang* oder getrockneter Ingwer und *paojiang*, gerösteter Ingwer.

Shengjiang ist die frische, im Herbst geerntete Ingwerknolle mit hellgelbem, saftigem Fruchtfleisch. Sie regt den Blutkreislauf an, befördert das Schwitzen und die Bildung der Magensäfte und regt die Peristaltik an. Sie wirkt damit positiv auf die Verdauungsvorgänge. Frischer Ingwer kann auch Husten lindern und Schleim lösen und ist daher ein wirksames Erkältungsmittel.

Unter *ganjiang* versteht man den alten, getrockneten Ingwer. Damit ist nicht der im Kühlschrank oder in schlecht sortierten Supermärkten verschrumpelte frische Ingwer gemeint, sondern Knollen, die erst im Winter geerntet werden. Anschließend werden die Knollen im Wasser eingeweicht, in Scheiben oder kleine Würfel geschnitten und getrocknet. Dieser Ingwer ist fasriger und deutlich schärfer, und die Oberfläche ist faltig. Wenn man in China die Lebenserfahrung eines alten Menschen hervorheben will, sagt man: *Jiang shi lao de la*, der Ingwer wird erst mit dem Alter scharf. Die Inhaltsstoffe sind dieselben wie beim frischen Ingwer, doch die Wirkung ist intensiviert. Man kauft ihn in der chinesischen Apotheke und setzt ihn bei folgenden Indikationen ein: verkühlter Magen, Brechdurchfall, kalte Gliedmaßen, schwacher Puls, Husten und asthmatisches Keuchen.

Paojiang oder gerösteter Ingwer ist eine Weiterverarbeitung von getrocknetem Ingwer. Er wird in kleine Stücke geschnitten, was bei seiner Härte schon ziemlich schwierig ist, und in einem Kessel geröstet, bis die Oberfläche schwarzbraun ist und die Knollen Blasen werfen. Anschließend werden sie langsam in der Sonne getrocknet. *Paojiang* ist eine rein medizinische Droge. Sie lindert Schmerzen, stoppt Blutungen und vertreibt die Kälte aus dem Körper.

In der chinesischen Frauenheilkunde gilt es als Hindernis fürs Schwangerwerden, wenn die Gebärmutter, oder wörtlich der Kindspalast, »kalt« ist. Wen wundert es, dass ein neues Menschenwesen sich dort nicht einnisten will. Die Papaya zum Beispiel, die in ihrer thermischen Wirkung besonders kalt ist, gilt daher als empfängnisverhütend. Die gegenteilige Wirkung hat der Ingwer. Er erwärmt nachhaltig und ist daher empfängnisfördernd. Auch bei Menstruationsbeschwerden wird er verabreicht (siehe S. 40).

Wirkstoffe der Ingwerknolle

Die Knolle ist reich an ätherischen Ölen, Bitterstoffen, Proteinen und Stärke. Seine Schärfe verdankt der Ingwer den so genannten Gingerolen, die zugleich medizinisch wirksam sind. Sie gleichen in ihrer chemischen Struktur dem Aspirin und wirken deshalb blutverdünnend und schmerzhemmend. Sie regen ferner zum Schwitzen und zu vermehrtem Speichelfluss an und erzeugen im Magen ein spürbares Wärmegefühl. Sie können Übelkeit, Blähungen und Krämpfe lindern und die Produktion der Gallensäfte anregen. Außerdem verbessern sie die Nährstoffaufnahme im Darm und regen die Peristaltik an.

Vorsicht: Menschen, die an Hepatitis erkrankt sind, sollen keinen frischen Ingwer essen. Die darin enthaltenen Gingerole beeinträchtigen die bereits eingeschränkte Leberfunktion und verzögern die Heilung.

Äußerlich angewendet hilft Ingwer bei Hauterkrankungen, Haarausfall, Prellungen und Zerrungen, Insektenstichen sowie Pilzerkrankungen des Nagelbetts und Fußpilz.

Ingwer – allgegenwärtig in der chinesischen Küche

Kein Wunder, dass ihn Konfuzius sogar in seinen berühmten »Gesprächen« erwähnt und rät, mäßig, aber regelmäßig Ingwer zu essen: »Nicht ohne Ingwer leben, aber auch nicht zu viel davon essen!« In der chinesischen Küche ist er eine unerlässliche Zutat zu Suppen, Fisch- und Fleischgerichten, aber auch zu Gemüsen, Salaten und Füllungen. Er nimmt vielen Fisch- und Fleischsorten ihren unangenehmen Beigeschmack und sorgt für eine Ausgewogenheit des Aromas und der thermischen Qualität der Speise. So wird zum Beispiel zu den »kalten« Flusskrebsen immer der »warme« Ingwer zugegeben.

Hierzulande fürchten viele Menschen die Schärfe des Ingwers, dabei wird er, als Würzmittel angewandt, oft gar nicht verzehrt. Es genügt schon, das Bratöl mit einer Scheibe Ingwer zu aromatisieren oder ihn in der Suppe mitzukochen und anschließend wieder herauszunehmen. Oder er wird mit Fisch und Fleisch zusammen gegart und gibt dabei sein Aroma an die Speise ab (wer Ingwer gerne mag, wird diese Scheiben natürlich mit Genuss verzehren). Wird er Salaten oder Gemüse zum Mitessen zugefügt, so muss er klein gehackt, in hauchfeine Streifen geschnitten oder mit einer Ingwerreibe gerieben werden.

Auf chinesischen Märkten wird überdies auch so genannter Baby-Ingwer (*zijiang*) angeboten. Er hat noch keine dunkle Haut gebildet, ist elfenbeinfarben und hat rosige Triebe. Er wird als Gemüse zusammen mit Huhn oder anderem Fleisch gebraten. Der Ingwer kann also in allen seinen Wachstumsphasen dem Menschen nützlich sein.

Aufbewahrung: Ingwer wird wegen seiner Schärfe nicht von Insekten befallen, ist aber empfindlich gegen Feuchtigkeit und Schimmel. In China wird er traditionellerweise in Sand aufbewahrt, um ihn haltbar zu machen. Man füllt einen tönernen Blumentopf, dessen Boden mit einer Schicht halbtrockenem Sand bedeckt wird. Die Ingwerknollen werden darauf gelegt und wieder mit Sand bedeckt. Der Topf wird kühl und dunkel gelagert und gelegentlich mit Wasser besprenkelt, damit der Sand etwas feucht bleibt. Auf gleiche Weise hat man hierzulande früher Karotten und rote Bete für den Winter lagerfähig gemacht.

Heutzutage, wo er in der Regel immer frisch erhältlich ist, bewahrt man ihn am besten im Kühlschrank (im Gemüsefach) oder in kühlen Räumen auf. Keinesfalls in Plastik, da er leicht schimmelt, sondern in Papier eingewickelt, um ein Austrocknen zu verhindern. Auf diese Weise hält eine Knolle leicht zwei bis vier Wochen, und man bricht oder schneidet immer nur so viel ab, wie man gerade verwendet. In China wird Ingwer in der Regel nicht geschält, da die Schale wertvolle Inhaltsstoffe enthält. Die Knollen müssen allerdings gründlich gewaschen und gebürstet werden.

Frischen Ingwer führen inzwischen fast alle Gemüsegeschäfte und Supermärkte. Wer sich nicht regelmäßig frischen Ingwer besorgen kann, kann ihn in Salz eingelegt haltbar machen. Dazu wäscht und schält man die Knollen und raspelt sie auf einer groben Gemüsereibe. Man vermischt den Ingwer mit ausreichend Speisesalz und füllt die Paste in ein Schraubglas. Im Kühlschrank hält sich der Ingwer darin über mehrere Monate.

In Chinaläden und Apotheken wird neben frischem Ingwer gelegentlich auch getrockneter Ingwer angeboten, der als Heilmittel gilt. Dieser so genannte *paojiang* sollte nicht ohne ärztliche Empfehlung verwendet werden.

Heilen mit Ingwer

Ingwer bei Erkältung

Ein Klassiker bei beginnender Erkältung oder dem Gefühl, einer solchen vorbeugen zu müssen, ist der schnell und einfach zuzubereitende Ingwertee.

Ingwertee

Brühen Sie kräftigen Schwarztee, der im Gegensatz zu grünem Tee die Eigenschaft »warm« besitzt, mit einigen Scheiben Ingwer auf und lassen Sie ihn lange ziehen. Nach dem Abseihen kann er nach Geschmack mit Honig oder Kandiszucker gesüßt werden. Ingwertee wärmt, regt zum Schwitzen an und entfaltet im Hals- und Rachenraum seine antibakterielle Wirkung.

Inzwischen gibt es in vielen Asienläden bereits gesüßten Instant-Ingwertee, den man wie löslichen Kaffee nur mit heißem Wasser aufzubrühen braucht. Dieses wärmende Getränk ist immer zur Hand und bewährt sich bei der Vorsorge gegen Erkältungskrankheiten. Man kann sich daraus auch einen wärmenden Erkältungspunsch zubereiten, der die Erkenntnisse westlicher und östlicher Volksheilkunde verbindet.

Ingwer-Holunderblüten-Erkältungspunsch

Man löst 1 EL Instant-Ingwertee in 1/4 l heißem Wasser, gibt nach Belieben Holunderblütensirup hinzu und schmeckt mit einem Schuss Zitronensaft ab. Dann gießt man noch einmal 1/4 l warmes Wasser nach. Normalerweise ist der Instant-Ingwertee stark gesüßt. Wer es noch süßer mag, kann mit Honig nachsüßen.

Ingwer-Walnusstee

Eine weitere, etwas aufwändigere Variante des Ingwertees wird folgendermaßen zubereitet: Je nach Bedarf werden frischer Ingwer, die weißen Abschnitte von Frühlingszwiebeln und Walnusskerne im Mörser zerstampft (man kann sie auch in der Küchenmaschine zerkleinern). Etwas braunen Zucker und Teeblätter hinzugeben und mit kochendem Wasser überbrühen und fünf Minuten ziehen lassen.

Ingwertee mit Koriander und Minze

2 Scheiben Ingwer · 1 EL gehackte Blätter frische Minze · 1 1/2 EL gehackte Blätter von frischem Koriander

Die Zutaten mit kochendem Wasser überbrühen, 5 Minuten ziehen lassen, abseihen und heiß trinken.

Schwitzkur mit Ingwertee

Wer beim ersten Frösteln auf Nummer Sicher gehen will, sollte sich eine Schwitzkur verordnen. Dazu kocht man 15 g frischen Ingwer mit drei Stangen Frühlingszwiebeln (nur das Weiße verwenden) und einem halben Liter Wasser auf. In den Sud werden 2 EL brauner Zucker eingerührt. Den Tee auf einmal heiß trinken und sich sofort zum Schwitzen ins Bett legen.

Ingwer bei Erkältungskopfschmerz

Eine kleine Menge frischen Ingwer im Mörser zerstampfen oder auf der Reibe reiben. Mit dem daraus gewonnenen Saft am äußeren Augenwinkel die Schläfe einreiben, Männer tun dies links, Frauen rechts. (Das hat mit der geschlechtsspezifischen Verteilung von Yin und Yang im Körper zu tun.) Die Anwendung bewirkt Tränen- und Schweißbildung, die den Kopfschmerz lindern hilft.

Gegenindikationen: Augenleiden wie Hornhautentzündung und Grüner Star.

Stärkende Ingwersuppe mit Birne und Ei

1 kleine Birne · 1 walnussgroßes Stück Ingwer · das Weiße von 2 Frühlingszwiebeln · 1 Ei · ca. 1/4 l Wasser

Birnenstücke, Ingwer und Zwiebelweiß auf kleiner Flamme zu einem kräftigen Sud auskochen. Das Ei in einer Schale verquirlen. Die kochende Flüssigkeit darübergießen und gut durchrühren. Heiß getrunken kann diese Suppe ebenfalls zum Schwitzen anregen.

Hustentee

9 g getrocknete Mandarinenschalen (aus der Apotheke) · 1 Walnusskern · 3 Scheiben Ingwer

Alle Zutaten in ausreichend Wasser auskochen und abseihen, sodass ein Becher Tee übrigbleibt.

Rührei mit Ingwer gegen Husten

1 Ei · 1 EL fein gehackter frischer Ingwer · 1 Prise Salz · Speiseöl

Das Ei in einer Schüssel aufschlagen und mit dem gehackten Ingwer und dem Salz verquirlen. Etwas Öl in die heiße Pfanne geben, das Ei hineingießen und abwarten, bis das Ei auf der Unterseite zu stocken beginnt, dann mit der Backschaufel zerstechen. Diese Portion zweimal täglich bei Erkältungshusten einnehmen.

Ingwerhonig gegen Husten

Birnen und Ingwer in vernünftigem Verhältnis je nach Geschmack entsaften und den Saft in Honig einrühren. Man kann davon eine größere Menge herstellen und den Honig in einem Schraubglas im Kühlschrank einige Tage aufbewahren. Täglich zweimal einen Esslöffel einnehmen.

Ingwer bei lokalem Kopfschmerz

Zur äußeren Anwendung: zu gleichen Teilen Sesamöl und Ingwersaft mit Honig zusammenrühren. Diese Paste auf die schmerzende Stelle auftragen und mit kreisenden Bewegungen einmassieren.

Erkältungsrezepte für Kinder

Da vor allem kleine Kinder den scharfen Ingwergeschmack nicht mögen oder schlecht vertragen, kann man die Ingwerknolle auch äußerlich einsetzen.

Schwitzpackung mit Ingwer

1 walnussgroßes Stück frischer Ingwer · 3 Frühlingszwiebeln, davon nur das Weiße · 1 Prise Salz

Alle Zutaten im Mörser oder in der Küchenmaschine zerkleinern, sodass ein Brei entsteht. Die Masse in ein Stück Mull einschlagen und dem Kind damit die Brust, den Rücken, Hand- und Fußflächen, sowie die Achselhöhlen und die Ellenbeuge abreiben.

Anschließend das Kind sofort ins Bett packen, damit es die aufkommende Erkältung ausschwitzen kann.

Ingweröl zum Einreiben bei Erkältung

Frischer Ingwer · Sesamöl

Eine walnussgroße Knolle frischen Ingwer zunächst auf der Heizung oder im Backofen etwas anwärmen und anschließend entsaften. Den Saft mit einigen Tropfen Sesamöl vermischen und auf die Hand- und Fußflächen des Kindes auftragen. Mit den Fingern das Ingweröl zu den Spitzen hin einmassieren.

Erkältungsbad

120 g frischen Ingwer grob zerkleinern und in einem Topf mit heißem Wasser auskochen. Dem Waschwasser zusetzen und das Kind gründlich darin abwaschen.

Es gibt mittlerweile in Reformhäusern und Apotheken auch fertige Badezusätze auf Ingwerbasis.

Ingwer bei Verdauungsproblemen

Ingwer bei Erbrechen und Reisekrankheit

Bei Erbrechen, vor allem bei Reisekrankheit, hat es sich bewährt, die Zungenspitze mit Ingwersaft zu benetzen. Auf Reisen kann man der Einfachheit halber ein Stück frischen Ingwer kauen. Das beruhigt den Magen.

Ingwer bei Unverträglichkeit von Medikamenten

Manche Medikamente rufen bei den Patienten Übelkeit hervor, sind aber für die Heilung unerlässlich. In einem solchen Fall legt man fünf Minuten vor der Einnahme eine frisch abgeschnittene, dünne Ingwerscheibe auf die Innenseite beider Handgelenke, dort wo der Puls schlägt.

Reisschleim mit Ingwer bei Brechdurchfall

Bei Brechdurchfall kann man dem Patienten einen wässrigen Reisschleim kochen, dem einige Tropfen frischer Ingwersaft zugesetzt werden. Stattdessen können Sie natürlich auch dem hier gebräuchlicheren Haferschleim (mit Wasser gekocht!) einige Tropfen Ingwersaft hinzufügen.

Frischer Ingwer bei Schluckauf

Häufigste Ursache für hartnäckigen Schluckauf ist zu viel Kälte im Magen. Dagegen hilft wärmender Ingwer, den man scheibenweise langsam kauen soll. Dabei tritt der wirksame Saft aus, den man hinunterschluckt. Die harten Fasern kann man anschließend ausspucken.

Grüner Tee mit Ingwer gegen Durchfall

6 g grüne Teeblätter · 3 g Ingwerpulver (als Backzutat im Supermarkt oder in der Apotheke erhältlich)

Beides mit kochendem Wasser in einer Teekanne überbrühen, zehn Minuten ziehen lassen, und abgeseiht heiß trinken.

Eierkuchen mit Ingwer bei chronischem Durchfall

3 Eier · ein walnussgroßes Stück Ingwer (ca. 15 g) · 1 EL Reisessig · 1 EL fein gehackte Frühlingszwiebeln · etwas Salz · Speiseöl

Die Eier verquirlen, den Ingwer klein hacken und das Ganze mit dem Salz und den Frühlingszwiebeln mischen. Reichlich Öl in der Pfanne erhitzen, das Ei in die Pfanne gießen und warten, bis der Eierkuchen auf einer Seite goldgelb gebraten ist und sich aufwirft. Erst dann mit der Backschaufel wenden und mit dem Essig beträufeln. Dieses Gericht wird in der TCM bei chronischem Durchfall infolge von Kälte und Schwäche in Milz und Magen verordnet und sollte dann mehrmals gegessen werden. Es ist aber auch für Gesunde ein leckeres Beigericht.

Ingwer bei akuter Magen- und Darmentzündung

Zur äußeren Anwendung:
Von einer großen Ingwerknolle eine dicke Scheibe abschneiden. Diese wird in hochprozentigen klaren Schnaps (Korn) eingetunkt. Mit der Schnittfläche Arme und Beine fest abreiben, bis die Haut sich heiß anfühlt. Dies sollte zwei- bis dreimal täglich und über drei bis fünf Tage angewandt werden.

Zur inneren Anwendung:
50 g frischer Ingwer · 100 g schwarzer Tee

Den Ingwer ganz fein hacken und in einer Pfanne (ohne Fett!) trockenrösten. Anschließend auch die Teeblätter kurz rösten. Beide

Zutaten mischen und in einem Schraubglas aufbewahren. Jeweils 3 g (etwa einen Teelöffel voll) mit heißem Wasser in einem Becher aufbrühen, ziehen lassen und dreimal am Tag trinken.

Ingwer – eine Wohltat für die Haut

Ingwer gegen Hautflechte (Tinea)

Schuppenflechte am Kopf:
Dicke Ingwerscheiben in Gaoliang-Schnaps einlegen (Gaoliang ist ein hochprozentiger Sorghum-Schnaps, der in jedem Chinaladen erhältlich ist; es kann stattdessen aber auch Korn verwendet werden). Zwei- bis dreimal täglich eine Scheibe herausnehmen und damit die befallene Stelle einreiben.

Schuppenflechte an Händen und Füßen:
In diesem Fall soll man aus frischem Ingwer und Schnaps eine Masse zubereiten. Man nimmt 500 g frischen Ingwer, wäscht und zerkleinert die Knollen in einer Küchenmaschine zu einem Mus, das mit 400 ml Schnaps vermischt wird. Die Masse 48 Stunden stehen lassen. Dann morgens und abends die befallene Stelle jeweils eine halbe Stunde in die Masse tauchen und anschließend mit Glyzerin einreiben. Die Masse kann mehrmals verwendet werden, und die Behandlung sollte über einen längeren Zeitraum durchgeführt werden.

Ingwer gegen kreisrunden Haarausfall und weiße Flecken (Vitiligo)

Mit einer Scheibe frischem Ingwer zwei- bis dreimal täglich die befallene Stelle einreiben, bis sie sich heiß anfühlt. Diese Behandlung sollte drei Monate ohne Unterbrechung durchgeführt werden, um einen Heilerfolg zu erzielen.

Fußbad mit Ingwer

Gegen Schweißfüße hilft ein Fußbad mit frischem Ingwer. Man kocht dazu aus einem etwa walnussgroßen Stück mit ausreichend Wasser eine Ingwerbrühe und gibt einen Schuß Essig und einen Teelöffel Salz hinzu. Das Fußbad sollte so heiß sein, wie man es gerade noch aushalten kann, und etwa eine Viertelstunde dauern. Anschließend die Füße gut abtrocknen und mit Babypuder einpudern.

Bei einer Variante dieses Rezepts werden 15 g Alaun und 15 g alter Ingwer aufgekocht und zu einem Fußbad verdünnt.

Ingwer bei kleinen Verbrennungen

Bei kleinen Verbrennungen und Brandblasen kann man die Verletzung mit frischem Ingwersaft behandeln. Das lindert die Schmerzen und beugt Entzündungen vor. Sollte die Blase geplatzt sein und die Stelle nicht heilen, kann man weiter Ingwersaft auftragen. Damit wird die Wunde feucht gehalten und heilt im Allgemeinen innerhalb von 36 Stunden ab.

Ingwer gegen Bläschen an der Mundschleimhaut

Wer regelmäßig eine Scheibe frischen Ingwer langsam kaut, kann schmerzhaften Bläschen an der Mundschleimhaut vorbeugen oder diese zum Abheilen bringen.

Ingwer bei Hämorrhoiden

Zur inneren Anwendung bei blutenden Hämorrhoiden:
1 Scheibe frischer Ingwer · 15 g getrocknete Beifußblätter · 300 ml Wasser

Die Zutaten in Wasser köcheln, bis sich die Wassermenge halbiert hat. Den Sud warm trinken.

Zur äußeren Anwendung:
40 g frischen Ingwer reiben oder fein hacken und mit ausreichend lauwarmem Wasser ein Sitzbad bereiten.

Ingwer für die Frau

Ingwer-Beifuß-Tee bei Menstruationsbeschwerden

Dieser Tee wird empfohlen bei Verzögerung der Menstruation:
Je 6 g frischen Ingwer und getrocknete Beifußblätter mit 15 g braunem Zucker aufkochen. Man kann die Mischung auch aufbrühen und dann 15–20 Minuten ziehen lassen. Bei regelmäßiger Anwendung reguliert sich die Periode, und der Tee lindert prämenstruative Beschwerden wie Schmerzen oder Frösteln.

Ein in China altbewährtes Hausmittel bei Menstruationsbeschwerden ist auch der einfache Ingwertee, der aus frischem Ingwer und braunem Zucker hergestellt wird. Das Mischungsverhältnis findet man am besten selbst heraus. Wichtig ist, dass der Sud lange und langsam köchelt. Der Ingwer wird dabei nicht geschält, sondern nur abgewaschen und in grobe Scheiben geschnitten.

Ingwerkissen bei Menstruationsschmerzen

125 g frischer Ingwer · 250 g grobes Meersalz · 250 g weiße Teile von Frühlingszwiebeln

Ingwer und Frühlingszwiebeln grob hacken und zusammen mit dem Salz in einer großen Pfanne trocken erhitzen. Alles in ein Stoffsäckchen füllen und wie eine Wärmflasche auf den Unterbauch legen. Nach dem Abkühlen kann das Kissen nochmals erwärmt werden (zum Beispiel in der Mikrowelle). Bei Bedarf sollte es mehrmals am Tag je 30 Minuten aufgelegt werden.

Erbrechen während der Schwangerschaft

In ein Schnapsgläschen mit mildem Reisessig einige Tropfen frischen Ingwersaft träufeln und schlückchenweise trinken.

Ingwer für den Bewegungsapparat

In China kennt man den Ausdruck *wushijian*, die so genannte 50er-Schulter, und meint damit Steifheit und Schmerzen, die vorzugsweise auftreten, wenn man die Fünfzig bereits überschritten hat. Es kann damit aber auch eine regelrechte Schulterentzündung gemeint sein.

Abhilfe hierbei schafft folgendes Rezept:

Ingwer bei Schulterbeschwerden

Ein großes Stück Ingwer grob zerkleinern und in ausreichend Wasser auskochen. Etwas Salz und einen Schuss Essig hinzugeben. Dann ein kleines Handtuch darin anfeuchten, auswringen und als Kompresse heiß auf die schmerzende Schulter legen. Diese Behandlung kann bei wiederholter Anwendung die Schmerzen lindern und die Beweglichkeit wieder herstellen.

Ingwer-Kartoffel-Kompresse bei Zerrungen und Prellungen

Man nimmt eine große Kartoffel, schält sie und hackt sie in kleine Würfel. Etwa 40 g frischer Ingwer wird ebenfalls fein gehackt und mit der Kartoffel vermischt. Die Masse in ein Mullsäckchen füllen und auf die betroffene Stelle legen. Dort wird es befestigt und mit einer Plastiktüte geschützt. Am besten über Nacht einwirken lassen. Bei wiederholter Anwendung wird die Schwellung zurückgehen, und die Schmerzen werden nachlassen. Der Ingwer löst Stauungen auf, die rohen Kartoffeln wirken entwässernd.

Ingwer als Haushaltshelfer

Bevor auch in China das Zeitalter der Kühlschränke und chemischen Putz- und Konservierungsmittel anbrach, war die Ingwerknolle ein vielfältiger Haushaltshelfer. Sie wurde weißem Reis beim Kochen zugesetzt, um ihn haltbarer zu machen, sie diente bei der Beseitigung von Schweißflecken und als Deodorant oder zum Reinigen von Küchengeräten. Viele dieser Funktionen haben inzwischen andere Mittel übernommen, aber einige der traditionellen Haushaltstipps lassen sich auch heute noch sinnvoll anwenden, vor allem dann, wenn man Chemikalien so weit als möglich aus dem Haushalt verbannen will.

- Reiben Sie Ihr Schneidbrett aus Holz regelmäßig mit einer Scheibe frischem Ingwer ab. Das beseitigt den unangenehmen Geruch, den die Lebensmittel darauf zurücklassen.
- Blutflecken lassen sich besser entfernen, wenn man sie vor dem Waschen mit einem Stück frischen Ingwer einreibt.

Genießen mit Ingwer

Die westliche Küche kennt den Ingwer vor allem in Zusammenhang mit Weihnachtsgebäck oder in kandierter Form als Süßigkeit. Wir hoffen allerdings, dass unsere Ausführungen Sie motiviert haben, diese heilkräftige und schmackhafte Knolle auch in Ihren persönlichen Speiseplan zu integrieren. Die folgenden Rezeptbeispiele sollen Ihre Kreativität in dieser Richtung ein wenig anregen.

Gebratener Chicorée mit Ingwer

Als Beigericht für 3 Personen:
3 Chicoréestauden · 1 EL sehr fein geschnittene Ingwerstreifen · 1 TL Zucker · 1–2 TL Essig (möglichst heller Aceto Balsamico oder Reisessig) · etwas Salz · Kochwein oder Sherry · Speiseöl

Die Stauden längs in ca. 1 cm breite Streifen schneiden, dabei den Strunk mitverwenden. Das Speiseöl in einer großen, flachen Pfanne erhitzen, die Ingwerstreifen und gleich darauf den Chicorée hinzugeben und vorsichtig pfannenrühren, damit die Streifen nicht auseinander fallen. Wenn das Gemüse schlapp geworden ist, gibt man den Zucker hinzu, der leicht karamellisieren soll. Mit Salz und Essig abschmecken. Wenn das Gemüse leicht bräunlich zu werden beginnt, mit dem Sherry ablöschen und servieren.

Ingwerbratkartoffeln

Wer den Geschmack des Ingwers liebt, wird ihn sicher auch in den Bratkartoffeln schätzen, nachdem er dieses Rezept probiert hat.

Man brät in kleine Würfel (ca. 1,5 cm Seitenlänge) geschnittene rohe Kartoffeln in reichlich Öl. Nicht wenden, bevor sie von einer Seite goldgelb sind. Beim Umwenden wird fein gehackter Ingwer nach Belieben zugegeben. Weiterbraten, bis die Kartoffeln gar sind und vor dem Servieren salzen.

Forelle einmal anders

1 große Forelle oder 2 kleine, küchenfertig vorbereitet · 1 walnussgroßes Stück Ingwer · 2 Frühlingszwiebeln · 2 EL Kochwein oder Sherry · 1 Tasse Fleischbrühe · 1 EL Sojasoße · Salz · Zucker · 5 EL Speiseöl

Die Forelle auf beiden Seiten in regelmäßigem Abstand ca. 1 cm tief einritzen (siehe Abb. S. 44). Die Frühlingszwiebeln waschen, putzen und in 5 cm lange Abschnitte zerteilen und diese wiederum längs in Streifen schneiden. Den Ingwer waschen und in 4 cm lange, sehr feine Streifen schneiden. Das Öl in einer flachen Pfanne erhitzen. Den mit Küchenkrepp abgetupften Fisch darin von beiden Seiten goldbraun anbraten, aus der Pfanne nehmen und in Alufolie einschlagen. In dem restlichen Öl Frühlingszwiebeln und Ingwer anbraten, mit der Fleischbrühe, dem Kochwein und der Sojasoße aufgießen, Salz und etwas Zucker zugeben. Das Ganze aufkochen, dann den Fisch wieder hineinlegen und bei schwacher Hitze noch etwas ziehen lassen. Den Fisch auf einem Teller anrichten, Ingwer und Frühlingszwiebeln darüber legen und mit der Soße begießen.

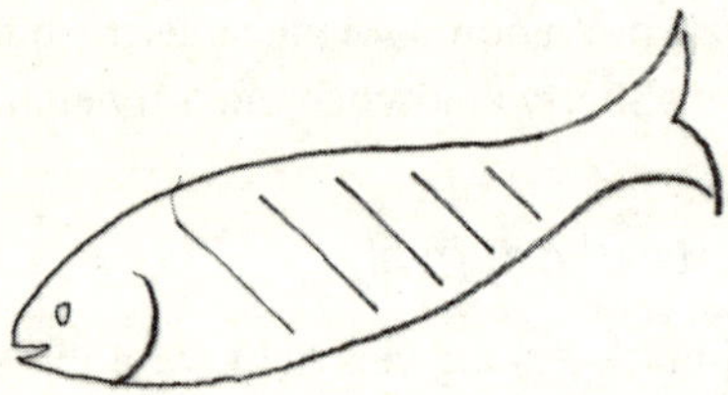

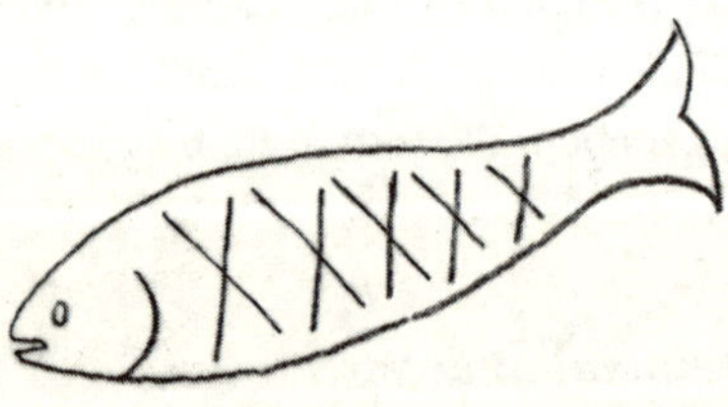

Soja

Glycine max

大豆

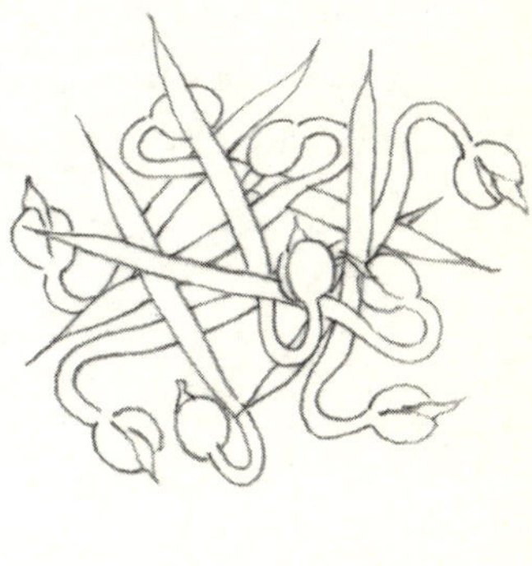

Die Sojabohne gehört in China zu den Grundnahrungsmitteln und wurde bereits während der Shang-Zeit (1800–1027 v. Chr.) angebaut und verarbeitet. In den hanzeitlichen Gräbern von Mawangdui (Changsha, Provinz Hunan, 1. Jahrhundert v. Chr.) wurden Sojabohnen als Grabbeigaben gefunden. Als Kernanbaugebiet gilt die Gegend um den Gelben Fluss. Später dehnte es sich in den Nordosten Chinas aus, und bereits im 13. Jahrhundert war die Bohne im ganzen Land verbreitet. Inzwischen prägt sie in ihren unterschiedlichen Verarbeitungsformen die chinesische Küche wie kein anderes Produkt. Das schlägt sich sogar im Sprachgebrauch nieder. Wer bei uns ein »Dreikäsehoch« genannt wird, heißt in China *san kuai doufu gao*, also wörtlich »Dreitofuhoch«; und wer jemandes Tofu isst (*chi ta de doufu*), der startet einen Annährungsversuch.

Von China aus wurde die Sojabohne nach Korea und Japan gebracht. 1873 gab sie ihr europäisches Debüt bei der Weltausstellung in Wien, zunächst allerdings ohne große Folgen für die Ernährung. Sie diente als Zusatz für Margarine, später als Viehfutter. Inzwischen wird sie auch hierzulande als alternativer Eiweißlieferant geschätzt, ist aber leider noch nicht in der ganzen Fülle ihrer Anwendungs- und Geschmacksvarianten bekannt.

Auch die Heilwirkung der Bohne wird kaum genutzt, und wenn, dann vor allem in Form von pharmazeutischen Produkten oder Nahrungsergänzungsstoffen. Besonders dem Tofu haftet das Vorurteil an, dass er fad schmecke. Ein Blick auf die chinesische Küche, in der Sojaprodukte eine tragende Rolle spielen, zeigt, dass dies keineswegs so sein muss.

Vielfältige Anregungen bieten hier auch die vegetarischen Gerichte aus buddhistischen Klosterküchen. Dort hat die Sojabohne ihre ganz besondere Kultivierung erfahren. Wer einmal in einem asiatischen Kloster mitessen durfte, wird nicht mehr behaupten, vegetarischen Gerichten fehle etwas. Hier werden dem Tofu durch Frittieren, Räuchern und Kochen in Marinade die erstaunlichsten Geschmacksrichtungen verliehen. Sogar Hühnerbeine und Räucherschinken werden geschmacklich und optisch täuschend echt nachgebildet.

Die segensreiche Bohne

Die Sojabohne – *dadou*, »Große Bohne« oder *huangdou*, »Gelbe Bohne« – wird in China auch »die grüne Milchkuh« genannt. Sie ist wegen ihres Eiweißreichtums, der zahlreichen Mineralstoffe (vor allem Kalzium und Eisen, Phosphor und Natrium) und Vitamine (besonders Vitamin B_1, B_2, E und Karotin) eine leicht verdauliche, wertvolle und heilkräftige Kost. Sojabohnen bestehen zu mehr als einem Drittel aus Eiweiß. Der Eiweißgehalt von 500 g Sojabohnen entspricht dem von 1 kg magerem Fleisch, 500 g Hühnerei oder 6 l Milch und ist zudem sehr viel leichter verdaulich als tierisches Eiweiß. Der Anteil von ca. 25 Prozent Kohlenhydraten besteht hauptsächlich aus Zellulose, die sich als Ballaststoff positiv auf die Verdauung auswirkt. Neben den in der Sojabohne enthaltenen pflanzlichen Hormonen fördern Spurenelemente die körpereigene Produktion von Hormonen, weshalb vermutet wird, dass Frauen in asiatischen Ländern weniger unter den Auswirkungen der Wechseljahre zu leiden haben. Gerade Frauen dieser Altersgruppe wird empfohlen, Sojaprodukte drei- bis viermal wöchentlich auf ihren

Speisezettel zu setzen. Auch zur Vorbeugung gegen Prostataerkrankungen werden Sojaprodukte eingesetzt.

Das in der Sojabohne enthaltene Lipoid (Phosphatid) wirkt sich positiv auf den Cholesterinspiegel aus. Es baut das an den Gefäßwänden angelagerte Cholesterin ab und macht die Gefäße geschmeidiger. Ferner verhindert es die vermehrte Ablagerung von Fett in der Leber und beugt damit einer Fettleber vor. Das ebenfalls enthaltene Lezithin fördert und steigert die Funktion des Großhirns.

In der chinesischen Medizin wird der Sojabohne eine kräftigende Wirkung zugeschrieben; ihr eignet die thermische Eigenschaft neutral, was sie als Nahrungs- wie als Heilmittel gleichermaßen wirksam macht. Soja nährt das Blut, unterstützt den *qi*-Kreislauf, stärkt die Milz, harmonisiert die Mitte, benetzt die Niere, fördert die Verdauung, begünstigt den Dickdarm und entgiftet. Wegen dieser vielfältigen Heilwirkung reimte der Volksmund zum Lob der Sojabohne: *Jindou, yindou bu ru huangdou,* »Silberbohne, Goldbohne, nichts geht über Gelbbohne«.

Die wandelbare Bohne – Sojaprodukte und ihre Heilwirkung

Obgleich eine Hülsenfrucht, wird die Gelbe oder Große Bohne in China unter der Kategorie »Getreide« *(liangshi)* geführt und dient gleichzeitig als Öllieferant *(youliao)*. Die ausgewachsene Strauchpflanze wird bis zu einem Meter hoch und trägt grüne, mit feinen Härchen besetzte Schoten. Diese enthalten eine bis vier kleine Bohnen, die meist gelb, aber auch schwarz oder hellgrün sind.

Bereits die **jungen Schoten** werden, in Salzwasser gekocht, als Snack zu Bier oder Schnaps gereicht, wobei man die zarten Bohnen wie bei uns die Erbsen aus den Schoten pult. Ein hoch gehäufter Teller Schoten ergibt dann zwar nur wenig Essbares, aber die Hände der Trinker sind beschäftigt, und der Magen wird vorsorglich auf den Alkohol vorbereitet. Außerdem beschleunigen die in der Sojabohne reichlich enthaltenen Enzyme, Vitamine und Aminosäuren den Alkoholabbau. *Maodou* (Haarige Bohnen) gehören in China zum abendlichen Trinken wie bei uns die Kartoffelchips, nur sind sie viel gesünder. In gut sortierten Chinaläden findet sich die »Haarige Bohne«, gepult oder in der Schote, im Tiefkühlangebot.

Aus der ausgereiften, getrockneten Bohne lässt sich eine Vielzahl von Produkten herstellen. Die ganze Bohne wird zu hochwertigem **Sojaöl** gepresst. Es enthält nur 10 Prozent gesättigte Fettsäuren, der Rest sind die der Gesundheit zuträglichen ungesättigten Fettsäuren. Es ist geschmacksneutral und verträgt auch hohe Temperaturen, ist also zum Braten und Frittieren geeignet.

Die **fermentierte schwarze Sojabohne** *(douchi)* dient als Würzmittel. In großen glasierten Keramikkrügen, die bei uns häufig in Antiquitätenläden angeboten werden, reifen die gedämpften, gegorenen Bohnen zwei bis drei Monate mit viel Salz und unter dicht verschlossenem Deckel. Anschließend werden sie an der Luft getrocknet und auf diese Weise haltbar gemacht. Sie verleihen vielen chinesischen Gerichten, vor allem in Verbindung mit Fisch (siehe Rezept S. 70), ihren charakteristischen Geschmack. Der von einem Schimmelpilz induzierte Gärprozess produziert die für den Menschen wertvollen und krebsvorbeugenden Stoffe Molybdän und Selen in hohen Konzentrationen. Erhältlich sind die schwarzen Bohnen in Tüten im Chinaladen, sie können in einem Schraubglas im Kühlschrank lange aufbewahrt werden.

Eingeweicht und gewässert bilden die Bohnen den Grundstoff für **Tofu**. Die weichen Bohnen werden zermahlen, die daraus entstehende weiße Milch wird unter Erhitzen mit Salzlauge (Kalziumchlorid oder Kalziumsulfat) zum Stocken gebracht. Hierzulande kennen wir vornehmlich den in Nordchina üblichen festeren Tofu, den es offen oder in Plastik eingeschweißt im Chinaladen oder in Naturkostläden gibt. Der in Südchina verbreitete weichere, cremige Tofu, der einen etwas anderen Herstellungsprozess hat, wird hier meist als japanischer Tofu (im Tetrapak oder Quarktöpfchen) angeboten.

Diese Herstellungsmethode verdankt sich einem Zufall. In der westlichen Han-Zeit (2. Jahrhundert v. Chr.) experimentierten Alchemisten auf der Suche nach einem Mittel zur Erlangung der Unsterblichkeit mit verschiedenen Mineralien und Salzen und fanden heraus, dass man damit Sojamilch zum Stocken bringen kann. Sie wurden dadurch zwar nicht unsterblich, kreierten aber ein Produkt, das ihrer Gesundheit zugute kam und ihnen vielleicht auf diese Weise ein paar zusätzliche Jahre bescherte.

Im Gegensatz zur ganzen Bohne wird dem Tofu die thermische Qualität »kalt« zugeschrieben. Er ist reich an Kalzium und Magnesiumsalzen und enthält Linolsäure, die im menschlichen Körper als ungesättigte Fettsäure wirkt und so vor Herz- und Kreislauferkrankungen schützt. Ferner weist er fünf Substanzen auf, darunter das wertvolle Selen, die das Wachstum von Krebszellen hemmen sollen. Aus diesem Grund sagt man in China: *qingcai doufu bao pingan*, »Iss grünes Gemüse und Tofu, und du wirst glücklich sein«.

Neben dem weißen, weitgehend geschmacksneutralen Tofu sind in China die verdichteten und marinierten Formen des *doufugan* (**getrockneter Tofu**) sehr beliebt. Auch äußerlich sehr ansprechend ist die in Schichten übereinander gelegte oder gerollte Tofuhaut (*doufupi* oder *baiye*, »Hundert Blätter«).

Erfreulicherweise führen inzwischen auch hiesige Naturkostläden ein Sortiment an geräucherten oder mit Kräutern aromatisierten, trockenen Tofusorten.

Der so genannte **Tofubambus** *(fuzhu)* wird aus der bei der Herstellung von Sojamilch anfallenden Milchhaut gewonnen. Diese wird abgeschöpft und getrocknet. Bevor sie ganz hart ist, rollt man sie zu gelblichen Stangen, die dem Bambus ähneln und dem Produkt seinen Namen gegeben haben. Man kann sie, in Tüten verpackt, im Chinaladen kaufen und muß sie vor der Verarbeitung in warmem Wasser einweichen. *Fuzhu* ist vor allem in der vegetarischen Küche beliebt, wo man ihn zu Salaten (vgl. Rezept S. 58) oder Rouladen mit unterschiedlichen Füllungen verarbeitet.

In vergorenem Zustand (mittels Weinhefe) verwandelt sich Tofu in salzigen, cremigen *furu* oder *jiang doufu*. Er schmeckt scharf und sehr salzig und wird, mit raffinierten Würzmischungen aromatisiert, als kleiner, appetitanregender Snack oder Beilage serviert. Wegen seines intensiven Geschmacks sollte man ihn nur in geringen Mengen verzehren. Im Chinaladen werden die kleinen Würfel in Gläsern oder hübschen Porzellankrügen angeboten.

Das charakteristische Geruchserlebnis eines chinesischen Nachtmarkts ist der **stinkende Tofu** *(chou doufu)*. Doch der chinesische Volksmund weiß, dass, was schlecht riecht, durchaus delikat schmecken kann: *wen zhe chou, chi zhe xiang*. Für westliche Gäste ist der stinkende Tofu eine Art Mutprobe, etwa unserem reifen Romadur vergleichbar, doch für die Geruchsbelästigung wird man mit einem feinen, nussigen Geschmack belohnt.

Sojamilch *(doujiang)* ist das beliebte chinesische Frühstücksgetränk, das durch seinen hohen Eiweißgehalt als gesunder Kuhmilchersatz gelten kann, weshalb sie vor allem von Allergikern geschätzt wird. Ihr Kalzium- und Eisengehalt liegt höher als bei allen anderen Milchsorten, was sie besonders für alte Leute und Kinder so wertvoll macht. Noch heute gehören in China mobile Imbissstände zum morgendlichen Straßenbild, die Sojamilch kalt oder warm, süß oder gesalzen und mit den entsprechenden Beilagen anbieten. Auch bei uns ist Sojamilch inzwischen im Tetrapak oder als Instantpulver zum Anrühren erhältlich.

Die **Sojasoße** ist aus der chinesischen Küche nicht wegzudenken. Sie war ursprünglich ein Nebenprodukt bei der Herstellung von Sojabohnenpaste. Grundstoffe sind: Sojabohnen, Weizenmehl und Salz. Die Bohnen werden eingeweicht, gedämpft und abgekühlt, dann mit dem Mehl vermischt und in Holzbehältern in vier bis sieben Tagen zum Gären gebracht. Mit Salzlauge vermischt muss der Brei in Tongefäßen in der Sonne weitere vier bis sechs Tage reifen. Bei modernen Herstellungsverfahren wird dieser Prozess durch Hinzufügung von Pilzkulturen (*aspergillus soyae* oder *aspergillus oryzae*) abgekürzt.

Man verwendet je nach Rezept helle, salzige und dunklere, malzige Sorten, oder mit Speisepilzen aromatisierte Soßen. Wie man nicht alle Speisen mit Ketchup zuschütten sollte, darf auch Sojasoße nicht wahllos über alle Gerichte gegossen werden. Gerade in der feinen chinesischen Küche wird davon Abstand genommen, um das ursprüngliche Aroma der Zutaten zur Geltung kommen zu lassen. In China haben kritische Geister den Sojabottich als Metapher für einen Kulturraum benutzt, in dem die eigenen Missstände und Untugenden nicht mehr wahrgenommen werden.

Bei **Sojabohnenpaste** *(dadoujiang)* ist die Herstellung ähnlich wie bei Sojasoße. Allerdings werden die Bohnen nicht abgeseiht, sodass eine dicke Würzpaste entsteht. Sie wird in China in einer salzigen und einer süßen Variante angeboten (nicht zu verwechseln mit dem japanischen Miso, das ähnliche Inhaltsstoffe enthält, aber etwas anders hergestellt wird und nicht zu hoch erhitzt werden sollte).

Die süße Paste ist wichtiger Bestandteil der traditionellen Peking-Ente. Man bestreicht damit die dünnen Pfannkuchen, in die knusprige Entenhaut, Fleisch und Frühlingszwiebeln eingerollt werden (siehe Rezept S. 122).

Die **salzige Sojabohnenpaste** ist in der chinesischen Alltagsküche ein unentbehrlicher Grundstoff für viele Nudelsoßen (siehe Rezept S. 69). Eine scharfe Variante der Bohnenpaste, die noch ganze Bohnenstückchen enthält, ist *doubanjiang* (in Gläsern als »Szechuan Bohnenpaste« erhältlich), diese wird allerdings nicht aus der Sojabohne, sondern aus der dickeren Puff- oder Saubohne hergestellt (*vicia taba*, siehe Rezept S. 68).

Was hierzulande oft fälschlicherweise als **Sojasprossen** *(glycine max)* bezeichnet wird, sind in Wirklichkeit die viel zarteren Keime der Mungobohne *(vigna radiata)*. Echte Sojasprossen werden hierzulande kaum angeboten und auch in China nur in der Suppe oder blanchiert zusammen mit Nudeln gegessen. Ebenso wie die Mungosprossen sollte man sie keinesfalls roh verzehren. Sie enthalten, wie auch unsere grünen Bohnen, das giftige Saponin. Man sollte sie deshalb einmal kurz auf 100 Grad erhitzen, um diesen Giftstoff zu zerstören. Die hiesige Unsitte, rohe Sprossen über den Salat zu streuen, muss unter Umständen mit Übelkeit, Erbrechen und Durchfall bezahlt werden.

Worauf man bei Sojaprodukten achten sollte

- Wegen ihrer schwer verdaulichen Faser- und Ballaststoffe sind Sojabohnen und Sojasprossen nicht geeignet für Menschen, die an Verdauungsstörungen, Verstopfung oder chronischen Magen-Darmbeschwerden leiden, da sie zu Blähungen führen können. Dies gilt natürlich nicht für Tofu, Sojamilch oder andere Sojaprodukte.
- Sojabohnen enthalten große Mengen an Purin. Diese Sub-

stanz kann das Stoffwechselgeschehen in Leber und Niere beeinträchtigen. Leber- und Nierenkranke sowie von Gicht Geplagte sollten daher ebenfalls keine Sojabohnen essen.

- Auch Sojamilch sollte vor dem Verzehr immer abgekocht werden, um eine schädigende Wirkung auf die Bauchspeicheldrüse zu verhindern. In den handelsüblichen Produkten ist dies aber bereits geschehen. Ferner sollte man Sojamilch nie mit braunem Zucker süßen. Die darin enthaltenen organischen Säuren verbinden sich mit dem Eiweiß der Sojamilch und bilden Flocken.
- Tofu ist besonders bekömmlich, wenn er zusammen mit Fisch gekocht wird. Das im Fisch enthaltene Vitamin D steigert die Aufnahmefähigkeit für das im Tofu angereicherte Kalzium. Der Körper kann in dieser Kombination zwanzigmal mehr des wertvollen Stoffs aufnehmen. Besonders empfehlenswert ist sie deshalb für Schwangere und im Wachstum begriffene Jugendliche (siehe Rezept S. 63).
- Eine andere vorteilhafte Kombination ist Tofu mit Algen, die besonders bei japanischen Mönchen beliebt ist. Sie verleiht ihnen bis ins hohe Alter gute Sehkraft, eine aufrechte Haltung und einen klaren Kopf. Das im Tofu enthaltene Glykosid verhindert das Verhärten der Arterien und fördert die Fettzersetzung. Dieser wertvolle Stoff erhöht allerdings auch die Ausscheidung von Jod aus dem Körper. Dieser Mangel wird durch den hohen Jodgehalt der Algen wieder ausgeglichen.
- Eine in China besonders beliebte Kombination ist Tofu mit Spinat (siehe Rezept S. 61). Allerdings sollte man den Spinat bei der Zubereitung immer zunächst blanchieren, um zu verhindern, dass sich die darin enthaltene Oxalsäure mit dem Kalzium des Tofu zu oxalsaurem Kalzium verbindet. Dann ist das Kalzium für den menschlichen Organismus nicht mehr verwertbar.

- Gefrorener Tofu hilft beim Abnehmen. Untersuchungen haben ergeben, dass sich in gefrorenem Tofu eine Säure bildet, die die Fettzersetzung fördert. Der so genannte *dong doufu* lässt sich leicht herstellen, indem man Reste eines frischen Tofu-Würfels im Gefrierbeutel in die Tiefkühltruhe legt. Obwohl er kaum Kalorien enthält, stillt er das Hungergefühl, zum Beispiel als Suppeneinlage (siehe Rezept S. 64).
- Wer gerne dem Alkohol zuspricht, sollte viel Tofu essen, um die negative Wirkung auszugleichen. Deshalb sieht man in chinesischen Gasthäusern trinkende Gäste häufig einen Snack aus Tofu knabbern. Dessen zahlreiche Enzyme, Vitamine und Aminosäuren beschleunigen den Alkoholabbau. Besonders die Vitamine B_1 und B_2 sind hier von Bedeutung und entlasten Herz und Leber.

Heilen mit Soja

Soja bei Erkältung

Süße Sojamilch bei Bronchitis

Erwärmen Sie fertige Sojamilch und rühren Sie je nach Geschmack Kandiszucker ein (keinesfalls braunen Zucker verwenden, vgl. S. 55). Jeden Morgen sollte ein Glas davon auf nüchternen Magen getrunken werden.

Diese Mischung benetzt und reinigt die Lungen, stärkt die Milz, harmonisiert die Mitte, lindert Husten und löst Schleim.

Gemüsetrunk »Drei Weiß« gegen Erkältung

1 Hand voll (ca. 30 g) ganze, getrocknete Sojabohnen (im China-

laden erhältlich) · das Weiße von 3 Frühlingszwiebeln · das dicke Ende eines Chinakohls · 5 Scheiben weißer Rettich

Alle Zutaten waschen und in einem Topf mit ausreichend Wasser weich kochen, zunächst bei großer Hitze aufkochen, dann langsam weiterköcheln lassen. Abseihen und nur die Brühe als Heiltee in mehreren Portionen warm trinken.

Vertreibt Wind und Hitze aus dem Körper, belebt den Kreislauf und entgiftet. Zur akuten und prophylaktischen Behandlung von Erkältungen, besonders im Herbst und Winter.

Süßer Rettichsaft mit Tofu gegen allergischen Reizhusten

500 g Tofu · 100 g Maltose · 250 ml frischer Rettich-Presssaft (erhältlich im Reformhaus)

Den Tofu in erbsengroße Würfelchen schneiden, zusammen mit der Maltose und dem Rettichsaft in einen Topf geben und kurz aufkochen. Bei schwacher Hitze noch 20 Minuten köcheln lassen. Täglich zweimal eine Schale essen.

Beruhigt den Hustenreiz; dieses Rezept empfiehlt sich vor allem bei bronchialem Keuchen und allergischem Reizhusten.

Soja bei Verdauungsproblemen

Tofu bei Verdauungsstörungen

200 g Tofu · etwas Erdnussöl (kann auch neutrales Speiseöl sein) · 50 ml Reisessig

Das Öl erhitzen und die Tofuwürfel goldgelb anbraten. Leicht salzen. Den Reisessig hinzugeben und kurz einziehen lassen.

Zweimal täglich auf leeren Magen einnehmen. Ein Behandlungszyklus umfasst 5–7 Tage.

Dieses Mittel wirkt astringierend und hilft bei chronischem oder wiederholt auftretendem Durchfall infolge von Verdauungsstörungen bei schwacher Kondition (kein bakterieller Durchfall).

Die acht Schätze des Kreisvorstehers Wang – Tofu bei Verdauungsstörungen

1 Stück (ca. 300 g) weicher (japanischer) Tofu · je 1 gehäufter EL gehackte, zuvor eingeweichte Shiitake-(Tonggu-)Pilze · frische, gehackte Champignons oder Egerlinge · gehackte Pinienkerne · gehackte Kürbiskerne · in kleine Würfel geschnittenes, bereits gegartes Hühnerfleisch · in kleine Würfel geschnittener, roher Räucherschinken · etwas Hühnerbrühe · Salz nach Belieben

Den Tofu in kleine Würfel schneiden, zusammen mit allen Zutaten in einen Topf geben und mit Hühnerbrühe aufgießen, dass alles bedeckt ist (ca. 1/2 l). Kurz aufkochen und je nach Geschmack salzen.

Tonisiert die Milz und stärkt den Magen. Regt den Speichelfluss an und nährt das Blut; unterstützt die Verdauung. Dieses Gericht empfiehlt sich bei häufigem Aufstoßen und dauerhaften Verdauungsstörungen infolge von schwacher Konstitution. Die acht Schätze des Kreisvorstehers sind ein mildes, aber keineswegs fades Gericht, es kann in Verbindung mit anderen Gerichten gegessen werden, entfaltet seine Wirkung aber am besten bei mehrfacher Anwendung.

Tofu-Koriander-Salat bei schlechter Verdauung

100 g getrockneter Tofu (*fuzhu*, im Chinaladen als gelbliche Stangen erhältlich) · 100 g frisches Koriandergrün · 25 g eingelegte Senfsprossknolle (*zhacai*, wird im Chinaladen in Konservendosen,

aber fälschlicherweise als Szechuan-Rettich angeboten) · 1 EL helle Sojasoße · 1 EL Reisessig · 1 TL gehackter Ingwer · Sesamöl · Chiliöl nach Belieben

Den getrockneten Tofu mit kochendem Wasser übergießen, mindestens eine halbe Stunde einweichen, bis er ganz weich ist. Das Wasser abgießen, die Stangen in ca. 2 cm breite Streifen schneiden und diese in kochendem Wasser noch einmal aufwallen lassen. Durch ein Sieb gießen und mit kaltem Wasser abschrecken, dann abtropfen lassen und auf einem Teller beiseite stellen. Den Koriander waschen, die Wurzeln entfernen und das Grün mit kochendem Wasser überbrühen. Nach dem Abtropfen ebenfalls in ca. 2 cm lange Streifen schneiden und um den Tofu herum anrichten. Die Senfsprossknolle fein hacken (Achtung: sehr salzig, die angegebene Menge ergibt in etwa einen gestrichenen EL). In einer Schale je ca. 1 EL Sojasoße und Essig, 1 TL fein gehackten Ingwer, einige Tropfen Sesam- und Chiliöl zu einem Dressing verrühren und über das Gericht geben. Vor dem Servieren gut vermischen.

Unterstützt und kräftigt Milz und Magen, reinigt die Lungen und benetzt. Hilft bei chronischer Verdauungsschwäche und empfindlichem Magen. Dieses Gericht kann als normale Speise und in Verbindung mit anderen Gerichten gereicht werden.

Rettich-Tofu-Suppe gegen Sodbrennen und Blähungen

400 g frischer, weißer Rettich · 200 g Tofu · je ein EL gehackte Lauchzwiebeln und frischer Koriander · Salz · Pfeffer · Speiseöl · etwas Gemüsebrühe

Den Rettich waschen, schälen und in dünne Stifte schneiden. Die Rettichstifte in kochendem Wasser blanchieren und unter kaltem Wasser abschrecken. Den Tofu ebenfalls in Streifen schneiden. Das Öl in der Pfanne erhitzen und die gehackten Lauchzwiebeln darin anbraten, bis es duftet. Rettich- und Tofuscheiben zusammen mit der Brühe zugeben und kurz aufkochen. Wenn der Rettich weich ist, mit Salz abschmecken. Noch einige Zeit auf kleiner Hitze köcheln lassen, damit der Tofu aromatisiert wird. Vom Feuer nehmen und mit Pfeffer und gehacktem Koriandergrün bestreuen.

Reguliert den *qi*-Fluss und unterstützt die Verdauung, harmonisiert die Mitte und benetzt den Darm. Hilft bei Sodbrennen und Blähungen. Dieses Gericht ist als Teil einer Mahlzeit gedacht.

Saurer Tofu bei Durchfall

100–200 g Tofu · angemessene Menge dunkler Reisessig · etwas Salz · je ein TL gehacktes Zwiebelgrün und Ingwer

Den Tofu in kleine Würfel schneiden, mit Essig bedecken, Salz und die anderen Würzmittel hinzufügen und garen, bis der Essig eingekocht ist. In kleinen Portionen über den Tag verteilt essen.

Wirkt bei chronischem bakteriellem Durchfall.

Soja bei unterschiedlichen Beschwerden

Soja mit Lamm gegen Menstruationsbeschwerden

15 g frischer Ingwer · 50 g *douchi* (fermentierte schwarze Sojabohnen; siehe S. 50) · 100 g Lammfleisch

Die fermentierten Sojabohnen in einem Sieb unter dem Wasserhahn abbrausen, damit sie nicht zu salzig sind. Den Ingwer bürsten und mit der Schale in Scheiben schneiden. Das Lammfleisch würfeln. Alles in einem Topf mit ausreichend Wasser kochen, bis das Lammfleisch mürbe geworden ist. Nach Bedarf mit Salz abschmecken.

Die Ingwerscheiben wieder herausnehmen und die Suppe 10 Tage vor der Menstruation beginnend 3 bis 5 Tage lang täglich essen.

Da allen ihren Zutaten die Eigenschaft warm oder heiß zugeschrieben wird, wärmt diese Suppe und treibt die Kälte aus dem Körper.

Tofu-Spinatsuppe gegen Blutarmut

200 g frischer Spinat · 250 g Tofu · 1 EL getrocknete Krabben (im Chinaladen erhältlich) · je 1 TL gehacktes Zwiebelgrün und Ingwer · 1 Knoblauchzehe · Speiseöl · Gemüsebrühe · etwas Salz

Den Tofu in Streifen schneiden und im kochenden Wasser kurz brühen, dann abtropfen lassen. In einer Pfanne etwas Öl erhitzen und darin den Ingwer, das Zwiebelgrün und die in Scheiben geschnittene Knoblauchzehe anbraten, bis es duftet. Brühe angießen, die klein gehackten Krabben, Salz und Tofustreifen zugeben und aufkochen. Inzwischen hat man den Spinat gewaschen und geputzt und in kochendem Wasser blanchiert. Wenn die Brühe kocht, den blanchierten Spinat hinzugeben und nur noch kurz ziehen lassen, damit der Spinat nicht zu weich wird.

Zweimal täglich eine Schale Suppe warm essen.

Bei diesem Rezept ist zu beachten, dass der Spinat unbedingt blanchiert wird, bevor er mit dem Tofu in Berührung kommt. Sonst verbindet sich die im Spinat vorhandene Oxalsäure mit dem wertvollen Kalzium des Tofu zu oxalsaurem Kalzium, das vom Körper nicht mehr aufgenommen werden kann.

Stärkt die Mitte, begünstigt den *qi*-Fluss, benetzt und fördert die Darmfunktion. Besonders empfohlen wird dieses Gericht zur Behandlung von Blutarmut bei Kindern, in Verbindung mit Schweißausbrüchen, trockenem Mund und trockener Kehle, sowie bei Verstopfung.

Shiitake-Pilze mit Tofu geschmort gegen hohen Blutdruck

30 g eingeweichte Shiitake-(Tonggu-)Pilze · 300 g Tofu · Salz ·

1/2 TL Zucker · 1 EL Sojasoße · 1 EL Reiswein oder Sherry · 1–2 Tassen Gemüsebrühe · 1 EL fein gehacktes Zwiebelgrün · einige Körner Szechuanpfeffer · etwas Maisstärke · Speiseöl

Den Tofu in kleine Rechtecke schneiden und kurz in kochendem Wasser blanchieren, dann abtropfen lassen. Die eingeweichten Pilze in Scheiben schneiden. Öl in der Pfanne erhitzen und Tofu und Pilze braten, bis es duftet. Die Brühe zusammen mit den anderen Zutaten zugeben und einkochen lassen. Die in kaltem Wasser angerührte Stärke zugeben, damit eine gebundene Soße entsteht.

Stärkt Magen und Milz, regeneriert bei Schwäche nach überstandener Krankheit, die sich in Kurzatmigkeit und schlechtem Appetit zeigt. Senkt hohen Blutdruck und zu hohe Blutfettwerte.

Das Gericht kann in Verbindung mit anderen Gerichten als Mahlzeit verzehrt werden.

Soja für die Haut

Tofu-Sellerie-Maske bei roten Äderchen auf den Wangen

Rote Äderchen auf den Wangen sind nicht nur unschön, sondern ein Zeichen für schlechte Kreislauffunktion, da sich das Blut in den Kapillargefäßen staut. Abhilfe schafft eine Maske aus Staudensellerie und Tofu. Man zerkleinert ca. 100 g Sellerie im Mixer und vermengt ihn mit einem Stück weichem Tofu. Die Masse gleichmäßig über das gereinigte Gesicht verteilen. Nach 20 Minuten mit warmem Wasser abwaschen. Die Anwendung pro Woche 2 bis 3 Mal wiederholen.

Belebt den Kreislauf, macht die Leitbahnen durchgängig und beseitigt die roten Äderchen.

Gemüsetrunk mit Tofu gegen braune Flecken im Gesicht

1 Büschel frischer Koriander · 2 mittelgroße Tomaten · 1 Stück weicher Tofu · etwas Honig

Den Koriander und die Tomaten waschen, zerkleinern und in einen Entsafter geben. Den Saft mit etwas Honig gesüßt trinken. Die Rückstände aus dem Entsafter mit dem Tofu verrühren und auf die Flecken auftragen. Nach 20 Minuten mit warmem Wasser abwaschen. Anwendung täglich oder jeden zweiten Tag wiederholen.

Nährt die Haut und beseitigt die Pigmentflecken. Die Tomate treibt Hitze aus, entgiftet und stärkt den Magen.

Fußbad mit Sojabohnen bei Fußpilz

Wer eine Neigung zu Fußpilz hat, sollte regelmäßig Fußbäder mit Sojabohnen machen. Dazu zerkleinert man 150 g trockene Sojabohnen (am besten zwischen eine Zeitung legen und mit dem Hammer bearbeiten). Mit ausreichend Wasser auskochen und darin die Füße waschen.

Fußpilz entsteht nach Ansicht der traditionellen chinesischen Medizin durch zu viel Feuchtigkeit und Hitze im Körper, die die Sojabohne austreibt.

Genießen mit Soja

Fischsuppe mit Tofu

1 großer Fischkopf (ca. 400 g) · 1 Stück Tofu (ca. 400 g) · Ingwerscheiben · Reiswein · Salz · Pfeffer · Frühlingszwiebeln · Speiseöl

Den Fischkopf in reichlich Öl goldbraun anbraten. Mit Wein ablöschen, Salz, Ingwer und Zwiebelgrün zugeben und mit kochendem Wasser aufgießen. So lange kochen, bis die Brühe milchig wird. Dann den in kleine Würfel geschnittenen Tofu zugeben, kurz mitkochen. Mit Pfeffer abschmecken. Ingwer und Frühlingszwiebeln werden bei diesem Gericht nicht mitgegessen. Sie werden vor dem Servieren wieder entfernt und müssen daher nicht so klein geschnitten werden wie sonst.

Dieses Gericht ist in China äußerst beliebt und rangiert im Ansehen noch vor Speisefisch. Dabei werden das Kopffleisch, das Bäckchen und alle weich gekochten Knorpelteile einschließlich Auge mitgegessen.

Sauerscharfe Tofusuppe

200 g (ein halber Würfel) Tofu · ca. 1 l Brühe · 10 eingeweichte Mu-er-Pilze (Holzohren) · 1 Ei · etwas Salz und Pfeffer · 1 bis 2 EL helle Sojasoße · 1 dicke Scheibe Ingwer · 2 EL Reisessig · 1 EL Maisstärke

Den Tofu in feine Streifen schneiden. Die eingeweichten Pilze putzen und abtropfen lassen. Die Brühe und den Ingwer in einem Topf erhitzen. Die Tofustreifen in die kochende Brühe geben und kurz aufkochen, dann Pilze, Sojasoße und Essig hinzufügen. Eiweiß und Eigelb in einer Schüssel vermischen. Die Maisstärke in etwas kaltem Wasser auflösen. Das Ei langsam in die nicht mehr wallende Brühe einrühren, dann die Maisstärke zugeben. Nach weiterem kurzem Aufkochen mit Salz und Pfeffer abschmecken. Wer mag, kann vor dem Servieren noch ein wenig frischen, gehackten Koriander über die Suppe geben.

Eintopf mit gefrorenem Tofu

Dies ist ein praktisches Rezept für alle, die ein Stück Tofu nicht ganz verwenden konnten und ihn daher eingefroren haben. Durch das Einfrieren verändert der Tofu Farbe, Konsistenz und Geschmack. Er wird etwas dunkler, ähnelt einem Schwamm, das tut aber seiner Bekömmlichkeit keinen Abbruch, ganz im Gegenteil (siehe S. 56).

1 Stück gefrorener Tofu · 1 EL getrocknete Garnelen (erhältlich im Chinaladen) · 1 Hand voll eingeweichte Mu-er-Pilze (Achtung, die Pilze vergrößern ihr Volumen beim Einweichen beträchtlich!) · 1 Hand voll Bambussprossen (aus der Dose) · einige Blätter vom Eissalat oder Chinakohl · 1 l Gemüsebrühe · Speiseöl · Salz, Sesamöl und Reiswein nach Belieben · je 1 TL fein gehackter Ingwer und Zwiebelgrün

Den gefrorenen Tofu auftauen und in Würfel schneiden. In kochendem Wasser eine Minute lang aufkochen, das nimmt ihm den etwas derben Bohnengeschmack. Garnelen in einem Sieb abbrausen. Ausreichend Öl in der Pfanne erhitzen, Ingwer und Zwiebelgrün darin anbraten, bis es duftet. Tofu, Pilze, Garnelen und Bambussprossen hinzufügen, mit Brühe aufgießen, mit Salz und Kochwein abschmecken. Alles zum Kochen bringen und anschließend 20 Minuten lang auf kleiner Flamme köcheln lassen. Den Salat oder Chinakohl in ca. 3 cm breite Streifen schneiden und kurz bei nicht zu großer Hitze in Sesamöl anbraten. Direkt aus der Pfanne mitsamt dem Öl über den fertigen Eintopf geben.

Jadeschnee-Tofu – als Vorspeise oder Beigericht

Tofu je nach Zahl der Esser
Für den Dip: 2 gepresste Knoblauchzehen · etwas Chiliöl (ersatzweise Sambal) · 2 EL Erdnussbutter (mit etwas warmem Wasser zu einer zähflüssigen Masse verrühren)
1 bis 2 Würfel Jiang-Tofu *(furu)* oder vergorener Tofu (als Fertigprodukt in Gläsern im Chinaladen erhältlich)
Sojasoße und Reiswein (Sherry) zum Abschmecken

Den Tofu in Rechtecke (ca. 1 auf 3 cm) schneiden, in sprudelndes

Wasser geben und 3 bis 4 Minuten auf kleiner Flamme köcheln lassen. Mit dem Schaumlöffel herausnehmen, abtropfen und auskühlen lassen. Die übrigen Zutaten vermengen, den Jiang-Tofu-Würfel mit der Gabel zerdrücken und unterrühren (eventuell etwas Wasser zugeben). Die Tofustreifen auf einem Teller anrichten. Den Dip jedem Gast auf einem kleinen Teller servieren und den Tofu vor dem Essen eintauchen.

Diese Soße wird traditionell als Feuertopf-Dip gereicht, das heißt Sie können darin auch blanchiertes Gemüse, Champignons oder Fleischstreifen eintauchen.

Grün und Weiß – kalt angemachter Tofu

Für diese Vorspeise benötigen Sie:
1 Stück weicher (japanischer) Tofu · 1 gehäufter EL feine Ingwerstreifen · das Weiße und Zartgrüne von 2 Frühlingszwiebeln · reichlich (ca. 3 EL) Sojasoße · 3 EL Sesamöl

Den Tofu mit dem Messer in Würfel von etwa 2 cm Seitenlänge teilen, wobei er seine Form beibehält (siehe Abbildung). Den Ingwer zunächst diagonal in hauchdünne Scheiben, dann in haarfeine Streifen schneiden. Von den Frühlingszwiebeln Wurzeln und dunkelgrüne Teile entfernen, den Rest zunächst in 4 cm lange Röhrchen teilen, dann längs in haarfeine Streifen schneiden. Nur wenn sie wirklich fein geschnitten sind, können die Zutaten ihren Geschmack entfalten und sich mit den anderen Aromen mischen. Die Streifen werden als dicke Schicht über den Tofu gegeben und mit dem Sojasoßen-Sesamöl-Gemisch übergossen. Vor dem Servieren sollte der Tofu Zeit zum Durchziehen haben. Unmittelbar vor dem Anrichten alles gut durchmischen.

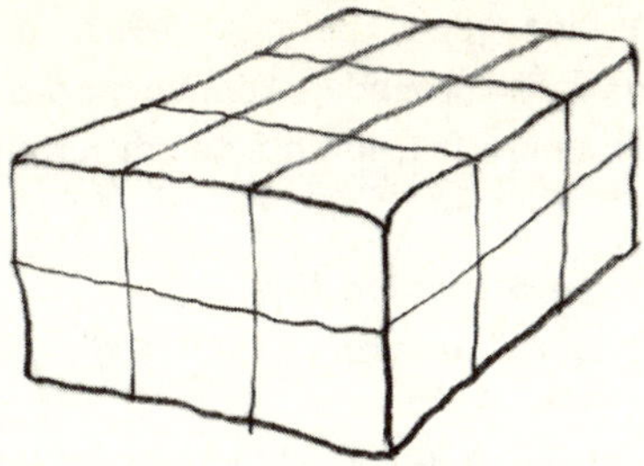

Da es bei diesem Gericht auf die Farbgebung ankommt, kann statt Sojasoße auch Salz verwendet werden, das man zuvor in das Sesamöl einrührt. Dann kommt der Kontrast von strahlendem Weiß und hellem Grün noch besser zur Geltung. Diese Farbkombination ist nämlich in China auch Ausdruck für »Unschuld«, etwa gleichbedeutend mit unserer »weißen Weste«. Mit *yi qing er bai* (»erstens grün, zweitens weiß«) bezeichnet man jemanden, dessen Gewissen rein ist.

Frittierter scharfer Tofu mit Frühlingszwiebeln

1 handelsübliches Stück (ca. 400 g) Tofu · 4 bis 5 ganze Frühlingszwiebeln · 4 bis 5 Chilischoten · 2 EL Sojasoße · 1 EL Reiswein (Sherry) · etwas Salz und Zucker · reichlich Speiseöl

Den Tofu in Rechtecke (ca. 1 auf 3 cm) schneiden und mit Küchenkrepp abtupfen. Die Frühlingszwiebeln waschen, putzen und in 5 cm lange Stücke schneiden; die festen, weißen Teile werden noch einmal halbiert. Die Chilischoten öffnen und entkernen (möglichst mit dem Messer, da die Schärfe lange an den Fingern bleibt). Das Öl in der Pfanne erhitzen, und den Tofu darin goldgelb braten (erst umwenden, wenn eine Seite bereits goldgelb ist), dann herausnehmen und beiseite stellen. Im restlichen Öl die Chilischoten rösten, bis sie duften, die Frühlingszwiebeln dazugeben und kurz mitbraten, mit Reiswein und Sojasoße ablöschen und Salz und eine Prise Zucker zugeben. Mit ca. 1 Schale heißem Wasser aufgießen, umrühren und den Tofu hinzugeben. Bei geschlossenem Deckel 30 Minuten köcheln lassen. Falls vorhanden, können Sie das Gericht vor dem Servieren noch mit ein paar Tropfen Sesamöl verfeinern.

Scharfer Tofu (ma po tofu – »Tofu der Pockennarbigen Alten«)

400 g Tofu (1 Würfel) · 150 g Hackfleisch vom Rind · 75 g Knoblauchgrün (ersatzweise Lauchgrün) · 1 EL scharfe Bohnenpaste (Szechuan Bohnenpaste, *doubanjiang*) · 1 Prise Salz · 1 EL helle Sojasoße · Szechuanpfeffer – 1 TL ungemahlen in der Pfanne rösten und im Mörser zerkleinern oder 2 Messerspitzen Pulver (beide Formen sind im Chinaladen erhältlich; Ersterer entfaltet aber ein besseres Aroma) · 200 ml Gemüsebrühe · 1 TL fein gehackter Ingwer · 1 TL Stärkemehl · 1 Schuss Reiswein oder Sherry · 4 EL Speiseöl

Den Tofu in Würfel mit ca. 2 cm Seitenlänge schneiden. Das Öl in der Pfanne erhitzen, aber nicht rauchen lassen. Das Hackfleisch hineingeben und zerteilen, damit es trockenbraten kann. Mit Reiswein ablöschen und die Bohnenpaste unter ständigem Rühren hinzufügen, sodass sie sich gut verteilt. Den gehackten Ingwer zugeben und mit der Brühe aufgießen. Tofuwürfel, Salz und Sojasoße hinzufügen und bei starker Hitze zum Kochen bringen. Die Hitze wieder reduzieren und noch etwas einkochen lassen. Das Stärkemehl, das in etwas kaltem Wasser gelöst wurde, unterrühren und die Soße damit andicken. Lauchstreifen und Szechuanpfeffer zugeben und servieren. In diesem Gericht verbinden sich pflanzliches und tierisches Eiweiß auf bekömmliche Weise.

In China wird eine ganze Serie von scharfen Gerichten mit dem Beinamen *mala* versehen. *Ma* bezeichnet das kühlende, zungenprickelnde Aroma des Szechuanpfeffers, während *la* sich auf die Schärfe der Chilischote bezieht. Statt *mala* verwendet man für dieselben Gerichte auch die Bezeichnung *mapo*, was so viel heißt wie »pockennarbige Alte«. Hierbei handelt es sich um eine historische Gestalt, auf die diese Zubereitungsart angeblich zurückgeht. In gut sortierten Chinaläden kann man unter dieser Bezeichnung auch eine fertige Würzmischung oder Paste finden, die man dann nur mit dem gebratenen Hackfleisch und dem Tofu vermischen muss. Ingwer und Lauchgrün sollte man aber auf jeden Fall frisch hinzufügen.

Nudeln mit Sojabohnenpaste, zha jiang mian – das Standardgericht der nordchinesischen Hausmannskost

125 g durchwachsenes Schweinefleisch (für 2 Personen) · 100 g salzige Sojabohnenpaste (besonders delikat wird die Soße, wenn man je zur Hälfte salzige und süße Sojapaste verwendet; man kann den Geschmack aber auch mit einem gestrichenen TL Zucker verfeinern) · 1 Frühlingszwiebel · 1 TL fein gehackter Ingwer · 2 EL Speiseöl · 1 TL Reiswein oder Sherry · 1/2 Tasse Gemüsebrühe · 200 g breite Chinanudeln · 1 Hand voll Gurkenstreifen oder Radieschenstreifen (streichholzgroß)

Das Schweinefleisch in erbsengroße Würfel schneiden. Die Frühlingszwiebel und den Ingwer fein hacken. Inzwischen ausreichend Wasser in einem Topf zum Kochen bringen und die Nudeln darin je nach Sorte gar, aber nicht zu weich kochen und anschließend gleich portionsweise in die Schalen verteilen (wenn sie länger im Abtropfsieb liegen, kleben sie). Öl in der Pfanne erhitzen und das Fleisch darin eine Minute anbraten, Lauch und Ingwer hinzugeben und weiterbraten. Die Bohnenpaste dazugeben und kurz mitbraten, dann den Reiswein zugeben und weiterbraten, bis Fleisch und Soße sich trennen. Mit der Brühe aufgießen und gut verrühren und noch einmal kurz aufkochen. Die heiße Soße über die Nudeln geben und die Gurken- bzw. Radieschenstreifen darüberstreuen. In China wird das Gericht mit einem Schuss dunklem Reisessig und rohen Knoblauchzehen gegessen.

Gedämpfter Fisch mit fermentierten, schwarzen Sojabohnen (douchi)

Pro Person 1 Speisefisch-Filet (Rotbarsch, Seelachs, Seehecht o.Ä.) · 1 EL fein gehackter Räucherspeck · je 1 EL fein gehackter Ingwer und Frühlingszwiebeln · 1 EL fermentierte Sojabohnen · Salz, Pfeffer und Reiswein (Sherry) · ausreichend Speiseöl · Sesamöl

Den Fisch mit Salz, Pfeffer und Reiswein einreiben und in einen tiefen Teller legen und beiseite stellen. In einer Pfanne etwas Öl erhitzen, gehackten Ingwer und Frühlingszwiebeln, den gehackten Räucherspeck und 1 EL fermentierte Sojabohnen darin kurz anbraten. Die Zutatenmischung samt dem aromatisierten Öl über den Fisch geben und mit etwas Sesamöl beträufeln. 10 bis 15 Minuten im Wasserbad dämpfen. Wer mag, kann das Ganze mit frischem Koriandergrün dekorieren.

蘿卜

Rettich

Raphanus sativus

Schön im Herzen *(xinlimei)*, so lautet in China einer der vielen Namen des Rettichs – und das zu Recht, denn seine hellgrüne Schale umschließt ein rosa bis tiefrotes, sternförmig geflammtes Fruchtfleisch. Ihm ist ein süßer fruchtiger Geschmack eigen, weshalb er das »Obst der Armen« genannt wird. Straßenhändler locken das Auge ihrer Käufer durch eine aus Rettich geschnitzte Chrysanthemenblüte und rufen: »Besser noch als Birne!« Auch in China wird aber hauptsächlich der weiße Rettich *(bai luobo)* oder der rotschalige mit weißem Fleisch *(hong luobo)* verwendet. Auf die Heilkraft dieses Gemüses weisen zwei Sprüche aus dem Volksmund hin: *Dong chi luobo, xia chi jiang, bu zhao yisheng kai chufang* – »Winters sollst du Rettich und sommers Ingwer essen, dann kannst du den Doktor samt seiner Rezepte vergessen«. Ein anderes Sprichwort lobt besonders die Wirkung des Herbstrettichs: Rettich im zehnten Mond wirkt wie ein kleiner Ginseng.

Wegen seiner vielseitigen Verwendbarkeit und seines günstigen Preises darf der Rettich auf keinem chinesischen Küchenzettel fehlen, und zwar ganzjährig. Allenfalls unterscheiden sich die Zubereitungsarten je nach Außentemperatur; im Sommer wird er vorzugsweise kalt angemacht, im Herbst und Winter wird er geschmort, gekocht oder gebraten, eine hierzulande leider ganz unübliche Zubereitungsart. Auch seine medizinischen Eigenschaften ändern sich je nach Zubereitung. Roh gegessen lässt er das *qi* steigen und wirkt kühlend, in gegartem Zustand senkt er das *qi* ab und wirkt neutral bis wärmend. Allgemein werden dem Rettich entzündungshemmende, entgiftende, schleimlösende und verdauungsfördernde Eigenschaften zugeschrieben, er aktiviert die Säfte, harmonisiert die Mitte, schützt die Gelenke und macht schöne Haut.

Das Lob der chinesischen Straßenhändler hat durchaus seine ernährungsphysiologische Grundlage. Der Vitamin-C-Gehalt eines Rettichs beträgt das Acht- bis Zehnfache von Birne und Apfel, ferner enthält er einige B-Vitamine, dazu reichlich Kalzium, Kalium, Natrium, Bor, Phosphor, Eisen und verschiedene Enzyme. Das Besondere am Rettich sind das schwefelhaltige Öl Raphanol, Senfölglukoside sowie Bitterstoffe. Sie sind auch für seine Schärfe und seinen charakteristischen Geruch verantwortlich und bedingen die verdauungsfördernde, antibiotische und gallentreibende bzw. schleimlösende Wirkung des Rettichs. Durch regelmäßigen Genuss von Rettich können außerdem die Blutfettwerte und der Blutdruck gesenkt werden; die Blutgefäße bleiben geschmeidig, und man beugt damit Erkrankungen der Herzkranzgefäße, Arterienverkalkung und Gallensteinen vor. Als Kreuzblütler findet der Rettich zudem in der Krebsprävention und -behandlung Anwendung. Die in ihm enthaltenen Enzyme hemmen krebserregende Nitrosamine; der Inhaltsstoff Lignin stärkt die Immunabwehr und hilft dem Körper, bereits vorhandene Krebszellen abzutöten.

Besonders konzentriert ist die Heilwirkung, wenn der Rettich getrocknet und abgelagert ist. Chinesische Bauern lassen Rettiche im Boden, bis die Pflanze Samen gebildet hat. Diese Wurzeln sind dann nicht mehr zum Verzehr geeignet, sondern werden am Kraut in die Dachbalken gehängt, wo sie bis zu zehn Jahre haltbar sind. Aus den **getrockneten Wurzeln** wurde traditionellerweise ein Sud gegen Sommerdurchfall hergestellt.

Wunderheilungen durch den Rettich sind bereits aus der Song-Zeit überliefert. Der kaiserliche Berater Wang Anshi (1021–1086) wurde von seiner Migräne dadurch geheilt, dass ein Arzt ihm eine Muschelschale voll rohem Rettichsaft in die

Nase träufelte. Die Wirkung soll unmittelbar und nachhaltig gewesen sein.

Als Heilmittel sind auch die **Rettichsamen** *semen raphani* in Gebrauch *(laifu zi)*. In ihnen steckt die konzentrierte Heilkraft der Pflanze, vor allem was das Lösen von Schleim in den Atemwegen anbelangt. Ihre thermische Eigenschaft ist neutral. Bei uns ist biologisch erzeugtes Saatgut für die Sprossenzucht in Reformhäusern erhältlich, das ähnliche Wirkstoffe enthält.

Vorsicht: Wer Ginseng einnimmt, sollte in dieser Phase keinen Rettich essen.

Heilen mit Rettich

Die schleimlösenden und antibakteriellen Eigenschaften des Rettichs machen ihn zum idealen Therapeutikum bei den unterschiedlichsten Erkältungskrankheiten. Besonders geeignet sind solche Rezepte für Kinder, weil sie wohlschmeckend und frei von Nebenwirkungen sind.

Rettich bei Erkältung

Rettichsaft bei Wind-Kälte-Beschwerden

Weiße Rettiche entsaften, sodass zwei Schnapsgläschen Saft entstehen. (Bei frischer Ware ergeben 80–100 g Rettich ca. 30 ml Saft.) Zusammen mit dem Rettich hat man einige Scheiben Ingwer entsaftet. Diesen Saft vor dem Schlafengehen mit heißem Wasser verdünnt trinken. Vorsicht, die Mischung ist scharf, bei Bedarf mehr Wasser nehmen.

Vertreibt Wind und Kälte aus dem Körper, wärmt und ist besonders im Anfangsstadium einer Erkältung ein wirksames Mittel.

Saurer weißer Rettich gegen Erkältung und Grippe

1 weißer Rettich · ausreichend Speiseessig (am besten Reisessig)

Den Rettich waschen, in feine Streifen schneiden und diese zwei Stunden in dem Essig ziehen lassen. Tagesdosis auf zwei Einnahmen verteilen.

Beseitigt Hitze, wirkt entgiftend und keimtötend.

Rettich mit Honig gegen Husten

1 schwarzer Rettich · ausreichende Menge Honig

Den schwarzen Rettich waschen, den Schwanz zusammen mit einem Teil des Rettichs abschneiden und als Deckel aufbewahren. Den Rettich teilweise aushöhlen und mit Honig füllen. In eine Schale legen, mit dem Deckel verschließen und einen Tag oder eine Nacht lang stehen lassen. Den sich bildenden Saft gegen Husten trinken. Man kann den Rettich mehrmals nachfüllen, bis man merkt, dass er sich ausgeweint hat.

Rettichsud für die Schwitzkur

1 weißer Rettich · 6 Frühlingszwiebeln, nur das Weiße verwenden · 15 g frischer Ingwer

Den Rettich waschen, in grobe Würfel schneiden und mit drei Schalen Wasser bei offenem Deckel so lange kochen, bis die Flüssigkeit auf zwei Schalen reduziert ist. Dann klein geschnittenen Ingwer und Zwiebellauch dazugeben, nochmals kochen und auf eine Schale Flüssigkeit reduzieren. Heiß trinken und die weich gekochten Zutaten mitessen. Anschließend sofort ins warme Bett und ausgiebig schwitzen.

Traditionelles Mittel bei allen Wind-Kälte-Symptomen; gegen Abgeschlagenheit, Gliederschmerzen, Schüttelfrost, Verschleimung und Husten.

Süßer Rettich gegen chronischen Husten

200 g frischer weißer Rettich · Kandiszucker nach Geschmack

Den Rettich waschen, abtrocknen und in dünne Scheiben schneiden. Mit dem Kandiszucker zusammen in eine Schale geben und im Wasserbad dämpfen, bis der Rettich weich ist, und warm essen. Dies ist ein altbewährtes Rezept gegen hartnäckigen Husten, das über einen längeren Zeitraum angewendet werden sollte.

Rettichsirup gegen trockenen Altershusten

500 g weißer Rettich · 500 g Birnen · 125 g frischer Ingwer · 20 g Kondensmilch · 125 g Honig · etwas Reiswein

Den Rettich waschen, Birnen entkernen. Beides zerkleinern und im Entsafter entsaften. Auf kleiner Flamme erhitzen und eindicken lassen. Dann den gesondert entsafteten Ingwer zusammen mit dem Honig, der Kondensmilch und dem Reiswein verrühren und zugeben. Nochmals 10 bis 20 Minuten lang kochen. In einem Schraubglas aufbewahren und täglich dreimal einen Esslöffel mit heißem Wasser verdünnt einnehmen.

Benetzt die Lunge, löst Schleim und stoppt den Husten. Altershusten wird in der TCM vornehmlich auf *yin*-Mangel der Lunge zurückgeführt. Der Rettich-Sirup gleicht diesen Mangel aus.

Rettich-Ingwer-Saft bei Halsentzündung und Stimmverlust

250 g Rettich · 50 g Ingwer

Beides waschen, klein schneiden und entsaften. Vorsicht, die

Mischung ist sehr scharf! Tagesdosis nach Belieben einnehmen, dabei den Saft, wenn möglich, längere Zeit im Mund behalten.

Dieser Saft kühlt, entgiftet, tötet Bakterien und wirkt schmerzlindernd.

Rettich bei Verdauungsproblemen

Ein einfaches und wirksames Mittel bei Völlegefühl und Sodbrennen nach dem Essen, besonders bei zu viel Fleischgenuss, sind rohe Rettichscheiben. Langsam gekaut fördern sie die Produktion der Verdauungssäfte und verhindern Übersäuerung.

Rettichblätter gegen Durchfall

100 bis 200 g frisches Rettichgrün

Die Blätter waschen, in Wasser gründlich auskochen und abseihen. Der Sud wirkt adstringierend, tötet Keime ab und stoppt den Durchfall.

Rettichsamen bei Magen- und Darmträgheit

Rettichsamen (im Reformhaus zum Sprossenziehen erhältlich) in trockener Pfanne anrösten, aber nicht anbrennen lassen. Im Mörser zu Pulver zerstampfen. Nach der Mahlzeit einen TL dieses Pulvers mit heißem Wasser anrühren und einnehmen.

Regt den Appetit an und unterstützt den Verdauungsvorgang.

Rettich bei unterschiedlichen Beschwerden

Rettichstreifen in Essig bei Kater

Ein Stück weißen Rettich in feine Streifen schneiden, in dunklen Reisessig einlegen und zuckern. Beseitigt Katerstimmung und die entsprechenden Symptome.

Rettich als Helfer beim Nikotinentzug?

Auch gegen ein weiteres Laster soll der Rettich angeblich gefeit machen. Wer sich das Rauchen abgewöhnen will, soll jeden Morgen vor dem Frühstück ein Tellerchen geriebenen weißen Rettich mit Zucker anmachen. Wenn man dies zwei Wochen lang durchgehalten hat, sollen einem die Zigaretten fad und geschmacklos erscheinen, sodass sie nicht mehr zum Rauchen verlocken. Die Autorinnen, die dieses Rezept leider nicht an sich ausprobieren konnten, da sie nicht rauchen, wünschen viel Erfolg.

Rettichsaft für Diabetiker

Frische, am besten rotschalige Rettiche im Entsafter entsaften. Jeden Morgen und Abend jeweils 100 ml (dazu braucht man ca. 300 g frischen Rettich) trinken und keinerlei Zutaten oder Gewürze hinzufügen. Eine Behandlungseinheit dauert 15 Tage und kann bis zu fünfmal wiederholt werden. In der Regel ist bereits nach 10 Tagen eine Senkung des Blutzuckers bzw. des Restzuckers im Harn zu beobachten. Als unterstützende Behandlung für alle Typen und Stadien der Erkrankung einzusetzen. Für Diabetiker ist vor allem auch die durststillende und speichelbildende Wirkung des Rettichsaftes von Bedeutung.

Rettich-Paste gegen Altersschwindel

30 g weißer Rettich · 30 g Lauch · 30 g Ingwer
Alle Zutaten säubern, klein schneiden und im Mixer pürieren. Die Paste täglich auf die Stirn auftragen und eine halbe Stunde einwirken lassen. Drei bis vier Tage hintereinander wiederholen.

Die Paste treibt Wind und Kälte aus und befreit von Schwindel.

Rettich bei Schultergelenksentzündungen

Eine ausreichende Menge weißen Rettich zerstampfen, den überflüssigen Saft abtropfen lassen und den Brei auf die schmerzende Schulter auftragen und mit einem Tuch fixieren. Am besten mit einer Plastiktüte absichern und im Liegen anwenden. Ein- bis zweimal täglich über mehrere Tage anwenden.

Dieses Mittel hat sich auch bei Zerrungen bewährt. Es belebt die Blutzirkulation, behebt Stauungen und fördert die Heilung.

Rettich für die Füße

Rettich gegen Schweißfüße

Bei chronischen Schweißfüßen empfiehlt sich ein Fußbad mit einem Rettichsud. Dazu kocht man Rettichscheiben in ausreichend Wasser und salzt kräftig. Zu einem lauwarmen Fußbad verdünnen und jeden Abend die Füße darin baden.

Rettich gegen Fußpilz

Wer unter Fußpilz leidet, sollte 60 g Rettich in Wasser weich kochen und 30 g Alaun darin auflösen. Mit dieser Lösung werden die befallenen Stellen täglich ein- bis zweimal betupft.

Beide Rezepturen vertreiben die Feuchtigkeit aus dem Körper, wirken entzündungshemmend und lindern Juckreiz.

Rettich für die Schönheit

Dem rohen Rettich wird in China seit alters auch kosmetische Wirkung zugeschrieben. Jeder wollte einen möglichst weißen, reinen Teint haben. Dazu trank man rohen Rettichsaft. Wer entsprechend viel Geld hatte, steigerte die Wirkung noch durch Pulver zermahlener Perlen, das der Haut einen Perlmuttschimmer verleiht. Inzwischen ist dieses Pulver erschwinglicher geworden und auf Nachtmärkten und in Apotheken erhältlich. Aber auch mit weniger exotischen Zutaten entfaltet der Rettich seine kosmetische Wirkung.

Rettichmaske

5 g frische Aloe Vera · 25 g weißer Rettich · 25 g Karotte · ein paar Tropfen Zitronensaft · 1 Eiweiß

Aloe Vera, Rettich und Karotte waschen, in Würfel schneiden und entsaften. Den Gemüsesaft mit dem Eiweiß und dem Zitronensaft verrühren.

Das Gesicht mit warmem Wasser abwaschen, damit sich die Poren öffnen. Dann die Masse auf das Gesicht auftragen. Nach 15 bis 20 Minuten mit klarem Wasser abwaschen. Täglich oder jeden zweiten Tag anwenden.

Nährt und glättet die Haut und beseitigt Falten.

Rettich gegen flache Warzen

Gegen Warzen hilft eine Kombination aus äußerlicher und innerlicher Anwendung. Täglich rohen Rettichsaft trinken und gleichzeitig die befallenen Stellen vier- bis fünfmal täglich mit dem Saft betupfen. Um eine Wirkung zu erzielen, muss man allerdings ausdauernd sein. Die Behandlung soll zwei bis drei Wochen durchgehalten werden.

Rettichsamen bei Haarausfall an den Augenbrauen

Rettichsamen · dunkler Reisessig

Die Rettichsamen bei schwacher Hitze in der trockenen Pfanne rösten und im Mörser zu Pulver mahlen. Eine ausreichende Menge des Pulvers mit etwas Essig anrühren und auf die befallene Stelle auftragen und einwirken lassen.
Fördert und festigt den Haarwuchs.

Rettich zum Abnehmen

Rettichsuppe mit Ingwer

250 g weißer Rettich · 1 Stück Ingwer · etwas Salz · etwas Sesamöl · ein Schuss Essig · 1 Löffel Instant-Gemüsebrühe

Den Rettich waschen, in Würfel von ca. 2 cm Kantenlänge schneiden. Den Ingwer waschen und im Ganzen, mit Schale, zusammen mit den Rettichwürfeln in einen Topf geben. Mit Wasser bedecken, die Gemüsebrühe hinzugeben und kochen, bis der Rettich weich ist. Nach Geschmack nachsalzen und mit Sesamöl und Essig abschmecken. Den Ingwer vor dem Servieren herausnehmen. Unterstützt die Gewichtsabnahme.

Süßsaurer Radieschensalat

400 g frische Radieschen · etwas Zucker · Sesamöl, Salz und dunkler Reisessig

Die Radieschen waschen, halbieren, auf die Schnittfläche legen und mit der flachen Seite des Küchenbeils (es geht auch mit der glatten Seite des Fleischklopfers) klopfen, sodass die Stücke zerplatzen (Vorsicht, spritzt! Am besten mit einem Stück Frischhaltefolie abdecken). Auf einem Teller anrichten. Die anderen Zutaten in einem Schälchen verrühren und darüber träufeln. Sie werden sehen, dass ein geschmacklicher Unterschied zu geschnittenen Radieschen besteht.

Die Radieschen entfalten in Verbindung mit dem Essig eine entgiftende und entschlackende Wirkung. Hilft bei Völlegefühl infolge von träger Verdauung. Regelmäßiger Genuss fördert die Milzfunktion und damit den Transport der Körpersekrete.

Rettich als Haushaltshelfer

Vor dem Zeitalter chemischer Reinigungsstoffe wurde der Rettich auch für Reinigungszwecke im Haushalt eingesetzt. Einige dieser Rezepturen können vielleicht auch in unseren Tagen noch hilfreich sein.

Reinigen von weißem Schaffell

Wenn ein weißes Schaffell schmutzig geworden ist, kann man es mit dicken Scheiben eines frischen weißen Rettichs abreiben.

Fleckenentfernung

– Man kocht weißen Rettich in Wasser aus und benutzt die Brühe zum Entfernen von **tierischen und pflanzlichen Fetten** sowie von **Sojasoße und dunklem Reisessig.**

– **Blutflecken** entfernt man mit frisch gepresstem Rettichsaft.

– **Rote Tinte** kapituliert, wenn man nach zweimaligem Waschen mit heißem Wasser eine Auflage aus geriebenem Rettich macht. In ein Stück Mull verpackt betupft man mit dem Rettich die verschmutzte Stelle und wäscht anschließend nochmals mit Waschmittel nach.

Hilfe beim Schneiden

Das **Schneiden von stark klebrigen Lebensmitteln**, wie zum Beispiel Schwarzwurzeln, gelingt leichter, wenn man einen frischen Rettich danebenlegt und das Messer immer wieder durch den Rettich zieht.

Genießen mit Rettich

Leider beschränkt sich die Zubereitung des Rettichs bei uns auf wässrigen Salat oder bayerischen Bierradi. Diese Gerichte haben zwar auch ihre Reize, engen die Palette dieses schmackhaften und gesunden Gemüses aber allzu sehr ein. In China kennt man eine Vielzahl weiterer wohlschmeckender Zubereitungsarten, von denen wir Ihnen einige vorstellen wollen.

Fischsuppe mit Rettich

1 Forelle von ca. 300 g (oder anderer Flussfisch) · 100 g weißer Rettich · Reiswein oder Sherry · 1 Frühlingszwiebel · 3 dünne Scheiben Ingwer · Speiseöl · Sesamöl · Koriandergrün · 1 1/2 l Fleisch- oder Hühnerbrühe (möglichst ungesalzen und selbstgekocht) · Salz

Den Fisch mit einem scharfen Messer beidseitig schräg einritzen (s. Abb. auf S. 44). Den Rettich waschen, schälen, zunächst in dünne Scheiben, anschließend in feine Streifen schneiden. Mit kochendem Wasser kurz überbrühen (dieser Vorgang dient dazu, den unangenehmen Rettichgeschmack zu beseitigen). Öl in die erhitzte Pfanne geben und den Fisch auf beiden Seiten goldgelb braten. Den gebratenen Fisch beiseite stellen. Etwas Öl im Suppentopf erhitzen, Zwiebelgrün und Ingwer darin anbraten, bis es duftet. Mit Reiswein ablöschen und mit der Brühe aufgießen. Den gebratenen Fisch und die Rettichstreifen zugeben, salzen. Die Brühe aufkochen und dann köcheln lassen, bis die Suppe eine weißliche Färbung annimmt (dazu braucht es etwas Geduld). Das Ganze in einer Suppenterrine anrichten, wobei Zwiebelgrün und Ingwer entfernt werden. Mit gehacktem Koriander bestreuen und mit einigen Tropfen Sesamöl abschmecken.

Wintersuppe mit Rettich und Lammfleisch

200 g Lammfleisch · 250 g weißer Rettich · 1 EL Stärkemehl · Ingwer · Zwiebelgrün · Salz · weißer Pfeffer (ersatzweise schwarzer) · weißer Reisessig · Reiswein oder Sherry · 3–4 EL Speiseöl

Das Lammfleisch in feine Streifen schneiden und mit der Speisestärke in einer Schale vermengen. Den Rettich würfeln (ca. 1,5 cm Kantenlänge). Das Zwiebelgrün schräg in Scheiben (s. Abb. S. 19), den Ingwer in dünne Scheiben schneiden. Öl in der heißen Pfanne erhitzen, Ingwer und Zwiebelgrün darin anbraten, bis es duftet. Die Fleischstreifen hinzugeben und pfannenrühren. Die Rettichwürfel zugeben und mitbraten. Mit ca. 1 1/2 l Wasser aufgießen und zum Kochen bringen, dann salzen. Auf kleiner Flamme weiterköcheln lassen, bis der Rettich ganz weich ist. Je nach Geschmack und Essigsorte 1 bis 2 EL Essig zugeben. Mit Pfeffer und einem Schuss Reiswein abschmecken. Die Suppe sollte pikant sauer-scharf schmecken und ist ein wärmendes Wintergericht. Die Ingwerscheiben können mitgegessen oder vor dem Servieren herausgenommen werden.

Rettich mit Schweinefleisch geschmort

300 g weißer Rettich · 400 g Schweinefleisch mit Schwarte (am besten sind die für traditionellen Schweinebraten geeigneten, etwas durchwachsenen Stücke) · Speiseöl · 2 Frühlingszwiebeln (in ca. 5 cm langen Abschnitten) · 3 Scheiben Ingwer · 4 EL Sojasoße, wenn möglich halb dunkel, halb hell · 2 TL Zucker · 1 TL Fünf-Gewürze-Pulver (*Wuxiangfen* – fertige Gewürzmischung aus Sternanis, Ingwer, Fenchel, Zimt, Szechuanpfeffer, im Chinaladen erhältlich) · 3 EL Reiswein oder Sherry

Schweinefleisch in Würfel von ca. 2 cm Kantenlänge schneiden. Den Rettich waschen und schälen und in ebensolche Würfel schneiden. Öl in einen Schmortopf geben, 1 TL Zucker auf mittlerer Hitze karamelisieren. Wenn der Zucker beginnt, goldgelb zu werden, die Fleischwürfel zugeben. Das Fleisch unter ständigem Rühren eine

Zeit lang braten, damit sich die Poren schließen. Zwiebelgrün und Ingwer, die Sojasoße, noch einen TL Zucker sowie Reiswein und Gewürzmischung zugeben und auf kleiner Flamme bei geschlossenem Deckel 10 Minuten köcheln lassen. Die Rettichwürfel hinzufügen und weiterkochen und gelegentlich unterrühren. Wenn die Rettichstücke sich mit Soße durchtränkt haben und ganz weich sind, ist das Gericht fertig. Mit weißem Reis servieren.

Sauer-scharfe Rettichstreifen

1 kleiner weißer Rettich · 2 kleine, scharfe, getrocknete Chilischoten · Speiseöl · Salz · Reiswein oder Sherry · heller Reisessig oder weißer Balsamico

Den Rettich waschen, schälen und in 5–6 cm lange Abschnitte zerteilen. Diese dann in ca. 0,5 cm dicke Scheiben und anschließend in etwa bleistiftdicke Streifen schneiden. Das Öl in eine Pfanne geben, die Chilischoten hinzufügen und rösten, bis es duftet, aber keinesfalls verbrennen lassen. Die Rettichstreifen zugeben und pfannenrühren. Gegen Ende des Bratvorgangs, wenn der Rettich weich ist, kräftig salzen (zu frühes Salzen lässt den Saft austreten). Mit Essig und Wein ablöschen.

Dieses Gericht schmeckt auch mit Kohlrabi oder Teltower Rübchen. Statt der Chilischärfe kann man auch duftenden Szechuanpfeffer nehmen (auch Blütenpfeffer, *huajiao* genannt, und im Chinaladen erhältlich; kein Pulver verwenden). Je nach Schärfe werden dazu 10 bis 15 Samenkapseln angebraten. Wem deren Geschmack zu intensiv ist, kann, wie das in der feinen chinesischen Küche üblich ist, damit auch nur das Öl aromatisieren.

Lao Mas scharfe Rettichscheiben

1 kleiner weißer Rettich · 1 Frühlingszwiebel · 2 Chilischoten · Speiseöl · 1 EL Sojasoße · 1 EL dunkler Reisessig · 1 gestrichener TL Zucker · Koriandergrün

Den Rettich waschen und diesmal nicht schälen (falls der Rettich nicht schon zu alt ist), in Scheiben von etwa 1/2 cm Dicke schneiden und einige Stunden auf Küchenkrepp trocknen lassen, damit er an Saft verliert. Das Öl in der heißen Pfanne erhitzen, die Chilischoten darin anbraten, bis es duftet, dann wieder herausnehmen. Die Rettichscheiben in das heiße, aromatisierte Öl geben und scharf anbraten. Wie bei Bratkartoffeln sollte erst gewendet werden, wenn eine Seite goldbraun ist. Ist der Rettich beidseitig angebräunt, kann man die fein gehackten Frühlingszwiebeln dazugeben und ebenfalls anbraten. Den Zucker darüberstreuen und mit Sojasoße und Reisessig zischend ablöschen. Noch einmal gut durchmischen und mit gezupftem Koriandergrün servieren.

Zweifarbiger süßsaurer Rettichsalat

1 kleiner weißer Rettich (ca. 300 g) · 1 große Karotte · 3 dünne Scheiben Ingwer · 1 EL Zucker · 1 EL dunkler Reisessig · Salz · 2 Chilischoten, wahlweise auch Szechuanpfeffer · 3 EL Pflanzenöl · Sesamöl

Rettich und Karotte waschen, schälen und in dünne Scheiben schneiden; diese wiederum zu streichholzdünnen Streifen stifteln. Die Streifen mit Salz bestreuen, damit sie weinen. Den Ingwer schälen und in sehr feine Streifen schneiden. Den Zucker mit dem Essig verrühren und zusammen mit den Ingwerstreifen über das Gemüse geben. Das Speiseöl erhitzen, darin die Chilischoten anbraten, bis es duftet, dann herausnehmen und das aromatisierte, heiße Öl sofort über den Salat gießen. Gut durchmischen und mit ein paar Tropfen Sesamöl servieren.

Knoblauch

蒜

Allium sativum L.

Die Knoblauchknolle, *dasuan*, kam von Westen, aus Zentralasien nach China. Angeblich hat ihn der kaiserliche Gesandte Zhang Qian, der im 2. Jahrhundert v. Chr. in diplomatischer Mission die so genannten »Westgebiete« (Ost-Turkestan, das heutige Xinjiang) bereiste, mitgebracht. Seither ist er in China eine verbreitete und beliebte Würz- und Heilpflanze. Mittlerweile wird in China ein Viertel der Weltproduktion an Knoblauch angebaut. In kanadischen Studien wurde festgestellt, dass der Knoblauch aus Xinjiang der medizinisch wirksamste ist (höchste Konzentration an Allicin). Ferner gilt: Knoblauch mit purpurner Schale hat eine größere Heilwirkung als Knoblauch mit weißer Schale.

Schon bald nach Zhang Qians segensreicher Mission gibt es die ersten schriftlichen Zeugnisse des berühmten Arztes Hua Tuo (3. Jh.) über den Einsatz von Knoblauch als Wurmmittel. Systematisch wurden die vielfältigen Heilwirkungen durch Li Shizhen (1518–1583) im Medizinklassiker *bencao gangmu* (»Klassiker der Heilkräuter«) beschrieben, die in der traditionellen chinesischen Medizin noch heute Gültigkeit haben.

Sein Temperaturverhalten ist je nach Zustandsform unterschiedlich. Frischer Knoblauch ist in seiner thermischen Eigenschaft heiß, in gekochter Form warm. Er bewegt das *qi* in die untere Körperhälfte, wärmt Milz und Magen, löst Stauungen auf, entwässert und entgiftet. Außerdem stillt er den Husten. Knoblauch wirkt antibiotisch und ist von jeher das klassische Mittel gegen Wurmbefall.

In Ermangelung anderer Heilmittel wurde und wird er, vor allem auf dem Land, bei Erkältungen, Hitzschlag, Nasenbluten, Hautflechte, Mumps und bei Insekten- und Schlangenbiss eingesetzt. In Nordchina wird kaum je ein Fleischgericht ohne frischen Knoblauch verzehrt. Vor dem Zeitalter des Kühlschrankes hat man wohl auf diese Weise die antiparasitäre und antibiotische Wirkung des Knoblauchs zu nutzen gewusst.

Diese Wirkung verdankt der Knoblauch, der zur Familie der Lauchgewächse, *alliacae*, zählt, unter anderem seinen zahlreichen Schwefelverbindungen, vor allem dem Allicin, das für den charakteristischen Geschmack und Geruch verantwortlich ist. In dem, was vielen ein Graus ist, liegt zugleich der Segen dieser Pflanze, denn was ihr zur Abschreckung von Fressfeinden dient, hilft auch dem Menschen bei der Abwehr von Krankheitserregern. Ferner enthält Knoblauch die Vitamine A, B_1, B_2, B_6, C, D, E und K sowie Kalzium, Phosphor, Eisen, Nikotinsäureamid, viele Aminosäuren und Mineralien.

Aufgrund dieser Wirkstoffe hat der Knoblauch im Körper die folgenden gesundheitsfördernen Funktionen:

- Er tötet Bakterien und Viren und hemmt sie in ihrem Wachstum.
- Er senkt Cholesterin und Blutdruck, wirkt gefäßerweiternd, vermindert die Bereitschaft der Blutplättchen, sich zusammenzuballen, und fördert die Blutverdünnung. Daher kann er Schlaganfall und Arterienverkalkung vorbeugen.
- Knoblauch schützt die Leber, indem er die Zellwände festigt und einem Verschleiß vorbeugt; ebenso beugt er Leberentzündung vor. Seine Wirkstoffe unterstützen die Entgiftungsfunktion der Leber und verhindern, dass zum Beispiel Quecksilber und Kadmium im Körper angereichert werden. Knoblauch fördert auch die Zersetzung von Alkohol im Körper, eine Wirkung, die nach ca. 6 Stunden eintritt. Wer also rechtzeitig vor einem alkoholreichen Abend Knoblauch isst,

kann damit seine Leber gegen die negativen Folgen schützen.

- Die im Knoblauch enthaltenen Stoffe hemmen das Tumorwachstum und behindern karzinogene Substanzen in ihrer Wirksamkeit. Sie können die körpereigenen Enzyme bei der Abwehr gegen diese Krankheit unterstützen und sind daher eine gute Prophylaxe.
- Knoblauch steigert die Immunabwehr, indem er die Funktion der Phagozyten unterstützt; er beseitigt freie Radikale und verlangsamt den Alterungsprozess.
- Knoblauch ist hilfreich für Diabetiker. Die Verbindung von Allicin mit Vitamin B_1 kann die Aufnahme und Verwertung von Blutzucker verstärken. Andererseits regt eine Verbindung von Allicin mit körpereigenem Vitamin B_6 die Produktion von Insulin in der Bauchspeicheldrüse an. Beide Effekte bewirken eine Senkung des Blutzuckers.
- Das Allicin hilft dem Körper, Vitamin B_1 zu speichern. Körperliche Müdigkeit und Reizbarkeit wird unter anderem durch einen Verbrauch der Vitamin-B_1-Reserven im Körper hervorgerufen. Wenn sich das wasserlösliche und daher flüchtige Vitamin B_1 mit dem Allicin verbindet, kann fünfmal so viel davon aufgenommen werden und es bleibt länger im Körper erhalten. Verstärkt wird dieser Effekt noch, wenn der Knoblauch zusammen mit dem ebenfalls stark Vitamin-B_1-haltigen Tofu und Schweinefleisch verzehrt wird.

Vorsicht:

- Patienten mit Nierenerkrankungen sollen bei der Anwendung von Knoblauch vorsichtig sein.
- Patienten mit Augen-, Zahn-, Mundhöhlen-, und Zungenerkrankungen dürfen Knoblauch wegen dessen Reizwirkung nicht einnehmen.

- Knoblauch kann bei äußerer Anwendung dazu führen, dass die Haut sich rötet, brennend heiß wird oder Blasen bildet. Daher darf man ihn nicht zu lange anwenden.

Heilen mit Knoblauch

Knoblauch bei Erkältung

Knoblauch bei beginnender Erkältung

Wer bei den ersten Anzeichen einer Erkältung eine geschälte Knoblauchzehe so lange im Mund behält, bis sie keinen Geschmack mehr hat, sie dann ausspuckt und die Prozedur noch zweimal wiederholt, hat Chancen, seine Erkältung abzuwehren. Die antibakteriellen Wirkstoffe des Knoblauchs gehen in den Speichel über und können dort resorbiert werden.

Saure Knoblauchpaste

3 Knoblauchzehen · 15 ml Reisessig

Die Knoblauchzehen schälen, zerstampfen oder pressen und mit dem Essig vermischen. Auf einmal einnehmen. Man kann diese Mischung auch über heiße Nudeln geben. Anschließend sollte man sich zum Schwitzen ins Bett legen.

Knoblauch-Ingwer-Schnaps

Wer für die Erkältungszeit vorbeugen möchte, kann sich einen Schnaps ansetzen, der bei den ersten Symptomen einer Erkältung des Wind-Kälte-Typs gute Dienste leistet und zum Schwitzen anregt.

400 g Knoblauch · 100 g frischer Ingwer · 3–4 Zitronen · 4–5 EL Honig · 800 ml hochprozentiger Klarer (Korn)

Den Knoblauch enthäuten, im Wasserbad 5 Minuten dämpfen und anschließend in Scheibchen schneiden. Die Zitronen schälen und in Scheiben schneiden. Den Ingwer ebenfalls reinigen und in Scheiben schneiden. Die Zutaten und den Honig mit dem Schnaps ansetzen und drei Monate lang stehen lassen. Nach Bedarf ein Schnapsglas voll abseihen und trinken.

Mit Schärfe gegen Windkälte

1–2 Knoblauchzehen · 1 Weißes von der Frühlingszwiebel · 2 Scheiben frischer Ingwer · 1 Chilischote · ein paar getrocknete Blätter der Katzenminze *(nepeta cataria)*

In etwa einem halben Liter Wasser die Knoblauchzehen fünf Minuten auskochen, anschließend die anderen Zutaten zugeben und ein bis zwei Minuten weiter köcheln. Abseihen und auf zwei Portionen verteilt heiß trinken. Nach Bedarf mit Honig süßen.

Treibt Kälte aus und regt zum Schwitzen an.

Saurer Knoblauch zur Grippevorbeugung

Bei grassierender Grippe ist eingelegter Knoblauch eine gute Abwehrstrategie. Allerdings muss man auch hier mindestens einen Monat vorher tätig werden.

1/2 l Reisessig (am besten der dunkle Essig z. B. aus Zhenjiang) · 100 g frischer Ingwer · 100 g Knoblauch

Den Ingwer waschen und in Scheiben schneiden; den Knoblauch in Zehen zerteilen und enthäuten. Beides in einem Schraubglas mit dem Essig ansetzen. Verschlossen mindestens einen Monat stehen lassen. Bei drohender Grippewelle die Knoblauchzehen vermehrt als appetitanregende Vorspeise oder in Speisen zu sich nehmen und/oder nach dem Essen 1 EL des Essigsuds einnehmen. Er stellt außerdem eine ideale Ergänzung zur Salatsoße dar.

Süßsaurer Knoblauch gegen Husten

120 g Knoblauch · 60 g brauner Zucker · 120 ml dunkler Reisessig

Man enthäutet den Knoblauch und zerstampft die Zehen. Dann legt man sie mit dem braunen Zucker in Essig ein und lässt das Ganze sieben Tage lang in einem verschlossenen Schraubglas stehen. Danach wird abgeseiht. Bei Husten werden dreimal am Tag 6 ml mit kochendem Wasser verdünnt und heiß getrunken.

Knoblauch mit Mandarinenschalen gegen Bronchitis

30 g Knoblauch · 12 g getrocknete Mandarinenschalen (in der Apotheke oder im Chinaladen)

Den Knoblauch enthäuten und die Zehen klein hacken; die Mandarinenschalen grob zerkleinern und beides in 1/2 l Wasser gut auskochen. Auf zwei Portionen verteilt warm trinken.

Knoblauch in Honig bei Erkältung und zur Stärkung

3 Knollen Knoblauch · Honig · Salz

Den Knoblauch schälen, in Zehen zerteilen und enthäuten. Dann zwei bis drei Minuten im Wasserbad dämpfen. Die Zehen in ein Schraubglas füllen, mit ausreichend Honig bedecken und mit etwas Salz würzen. Das Glas gut verschlossen kühl lagern. Nach ein bis zwei Monaten wird der Knoblauch glasig. Nach etwa einem halben Jahr kann man ihn essen. Er hat dann seinen scharfen Geruch und Geschmack eingebüßt und ist daher ein ideales Rezept auch für Kleinkinder. Diese nehmen eine halbe Zehe, größere Kinder eine Zehe und Erwachsene zwei Zehen pro Tag.

Dieses Rezept wirkt gegen Grippeviren und hilft bei Atemwegserkrankungen. Es verbessert die Konstitution von Menschen, die zu Blässe neigen, rasch ermüden und sich leicht erkälten.

Knoblauch gegen hohen Blutdruck und hohe Blutfettwerte

Knoblauch in Rotwein

3–4 große Knoblauchzehen · 750 ml Rotwein

Die Zehen enthäuten und in der Presse zu Mus pressen. In ein großes, verschließbares Gefäß geben, mit dem Wein angießen und zwei bis drei Tage im Kühlschrank stehen lassen.

Zwei- bis dreimal am Tag je 50 ml trinken.

Sowohl Rotwein wie auch Knoblauch senken den Cholesterinspiegel, regen den Kreislauf an und normalisieren den Blutdruck. Außerdem kann das Vitamin B_1 im Knoblauch die Sehkraft stärken und dem Grauen Star vorbeugen.

Gurkensalat mit Knoblauch

2 Gärtnergurken oder eine Schlangengurke · 3 Zehen Knoblauch · Reisessig · Zucker · Salz · Sesamöl

Die Gurken schälen und in dünne Scheiben schneiden. Die Zehen enthäuten, pressen und mit den Gurkenscheiben vermischen. Den Salat mit Reisessig, Zucker, Salz und einem Schuss Sesamöl anmachen.

Dieser Salat senkt, möglichst täglich genossen, die Blutfettwerte.

Knoblauch süßsauer

junge Knoblauchknollen · Reisessig · Zucker

Die ganzen Knollen reinigen und die grobe, äußere Haut abziehen, wobei die Knolle aber noch zusammenhalten muss. Dann mehrere Tage lang mit Essig bedeckt in einem geschlossenen Gefäß stehen lassen und nach Geschmack mit Zucker süßen.

Jeden Morgen auf den leeren Magen eine Zehe essen und einen Löffel Essigsud nachtrinken, und das 10 bis 15 Tage hintereinander. Normalisiert den Blutdruck.

Knoblauch in Sojasoße

3 Knollen Knoblauch (ca. 150 g) · 500 ml Sojasoße · 1 EL Zucker (Diabetiker können den Zucker auch weglassen)

Den Knoblauch schälen, in Zehen zerlegen und enthäuten. In einem Schraubglas die Zehen mit Sojasoße übergießen, den Zucker hinzufügen und im Kühlschrank aufbewahren. Der Knoblauch muss mindestens drei Monate durchziehen. Dann täglich ein bis zwei Zehen essen. Die aromatisierte Sojasoße kann anschließend noch zum Kochen verwendet werden.

Dieses Rezept wirkt gegen Arterienverkalkung und hilft bei Magenschwäche und Magenschmerzen.

Knoblauch für Diabetiker

Knoblauchtee

1 große Knoblauchzehe · 1 TL grüne Teeblätter · 3 g Salz

Die Knoblauchzehe enthäuten, pressen oder im Mörser zerstampfen. Alle Zutaten fünf Minuten in einer trockenen Pfanne auf kleiner Flamme rösten. Bereiten Sie aus dieser Mischung je nach Geschmack einen dünneren oder intensiveren Tee, indem Sie sie mit kochendem Wasser aufgießen und ziehen lassen. Möglichst regelmäßig einnehmen.

Knoblauch mit grünen Bohnen

200 g junge grüne Bohnen · 2–3 Knoblauchzehen · 1 TL fein gehackter Ingwer · Speiseöl · Salz

Die grünen Bohnen waschen, die Enden abknipsen und einmal durchbrechen. Ausreichend Öl in einer Pfanne erhitzen. Bohnen darin pfannenrühren, bis sie schlapp werden, dann Knoblauch, Ingwer, Salz und etwas Wasser zugeben. Decken Sie die Pfanne dann ab, damit die Bohnen richtig weich werden. Am Ende noch einmal bei offener Pfanne auf großer Flamme pfannenrühren, bis die Bohnen trocken sind.

Als Beigericht regelmäßig verzehrt, hilft diese Speise, den Blutzucker zu senken.

Knoblauch für die Frau

Süßer Knoblauch-Ingwer-Sud gegen Menstruationsbeschwerden

15 g Knoblauchzehen (ca. 3 Zehen) · 15 g Ingwer · 30 g brauner Zucker

Den Knoblauch enthäuten und zusammen mit den Ingwerscheiben in 1/2 l Wasser mit dem braunen Zucker auskochen. Den Sud auf zwei Portionen verteilt heiß trinken.

Hilft bei Schmerzen vor oder nach der Menstruation und bei verzögerter oder zu schwacher Blutung.

Frauen mit starker Monatsblutung leiden häufig unter Blutarmut und Eisenmangel. Die Substanzen des Knoblauchs helfen dem Körper, vermehrt die zur Blutbildung nötigen Stoffe Eisen, Eiweiß, die Vitamine B_{12} und B_6 sowie Vitamin C und Folsäure aufzunehmen.

Die folgende einfach herzustellende Miso-Suppe wäre *eine* Methode, dem Körper regelmäßig die nötige Menge Knoblauch zuzuführen:

Knoblauch bei Blutarmut

Für das Grundrezept werden 4 Zehen (ca. 40 g) enthäutet und in dünne Scheiben geschnitten. Ausreichend Wasser in einem Topf zum Kochen bringen und den Knoblauch darin eine Minute auskochen. Den Topf vom Feuer nehmen. Miso (ca. 1 TL pro Schale) in die Brühe einrühren. (Miso darf nie mitgekocht werden, da es sonst seine Wirkstoffe und sein Aroma einbüßt.)

Verfeinern können Sie die Suppe mit Gemüsen der Saison, zum Beispiel mit grob geraspelten Karotten, Rettich, einigen Sojasprossen oder in feine Streifen geschnittenem Chinakohl. Diese Zutaten werden zusammen mit dem Knoblauch gegart. Man sollte sich angewöhnen, eine solche Suppe jeweils nach einer Mahlzeit zu sich zu nehmen. Dies fördert nicht nur die Blutbildung, sondern verbessert auch die Sehkraft und wirkt gegen Schwindelgefühl in den Wechseljahren, da das im Miso enthaltene Lezithin den Blutkreislauf anregt.

Knoblauch gegen Wechseljahrsbeschwerden

Infolge unregelmäßiger Hormonausschüttung haben Frauen in den Wechseljahren häufig kalte Gliedmaßen, der Kopf dagegen fühlt sich dick und schwer an, und man neigt zu Schwindelgefühlen. Knoblauch verbessert die Durchblutung und hilft dem Körper, B-Vitamine aufzunehmen (so genannte »Nervenvitamine«). Eine Zehe täglich, möglichst roh zusammen mit einer Mahlzeit verzehrt, kann diese Stauungen im Körper lösen und hilft außerdem gegen Depressionen.

Wer den typischen Knoblauchgeruch und Nachgeschmack fürchtet, sollte anschließend einige grüne Teeblätter kauen. Es empfiehlt sich, zarte Teeblätter wie etwa Drachenbrunnentee oder Teespitzen zu verwenden, die beim Kauen einen angenehm duftigen Geschmack entfalten; großblättrige Sorten wie zum Beispiel Oolong eignen sich hierfür nicht.

Knoblauch bei Verdauungsproblemen

Knoblauch bei bakteriellem Durchfall

1 Knolle Knoblauch · 3 Scheiben frischer Ingwer

Den Knoblauch schälen und in Zehen zerteilen, zusammen mit den Ingwerscheiben in 1/2 l Wasser auskochen. Den Sud abseihen und warm in kleinen Schlucken trinken.

Ebenfalls wirksam bei akutem, bakteriellem Durchfall ist eine Packung für die Fußsohlen, auf denen viele Akupunkturpunkte liegen.

Dazu werden die Zehen einer Knoblauchknolle zerquetscht oder ausgepresst. Die Paste wird auf die Mitte der Fußsohle aufgetragen und mit Mull umwickelt. Die Packung sollte möglichst eine Stunde lang einwirken.

Eingelegter Knoblauch bei chronischem Durchfall und Gastritis

Bei Schwächezuständen oder nach schwerer Krankheit kann es infolge von verminderter Magen- und Darmfunktion zu wässrigem

Stuhl oder chronischem Durchfall kommen. Hier hilft Knoblauch, der in Reisessig eingelegt wurde.

Man enthäutet eine größere Menge Knoblauchzehen (500 g oder 10 Knollen), gibt sie in ein Schraubglas und füllt dies mit Reisessig auf (800 ml). Wer möchte, kann mit Honig süßen. Der Knoblauch muss mindestens einen Monat stehen. Im Verlauf kann er sich grün verfärben, diese Färbung verliert sich später aber wieder.

Zu jeder Mahlzeit drei Zehen essen und etwas von dem Essigsud trinken. Gute Erfolge erzielt man damit auch bei chronischer Magenentzündung (Gastritis).

Knoblauch für die Haut

Knoblauch bei rissigen Mundwinkeln

Manche Menschen leiden unter entzündeten, eingerissenen Mundwinkeln, die nur schlecht heilen. Hier hilft eine Paste aus Knoblauch und Honig. Man kocht eine Knoblauchzehe in Wasser weich, zerstampft sie und vermischt sie mit 50 g Honig.

Davon nimmt man täglich 1 TL oder gießt dieselbe Menge mit heißem Wasser zu einem Getränk auf. 10 Tage hintereinander einnehmen.

Knoblauchpackung bei Neurodermitis

Eine angemessene Menge Knoblauch, möglichst mit rötlicher Schale, wird geschält, enthäutet, zerstampft und durchgepresst. Die Paste auf die betroffene Stelle auftragen und mit Mull locker umwickeln. Die Auflage täglich erneuern und 3 bis 7 Tage hintereinander anwenden.

Bei einer anderen Methode wird der Knoblauch genauso vorbereitet, aber in ein Stück Mull gewickelt, das man zwei bis drei Stunden in einer Schale mit weißem Reisessig liegen lässt. Anschließend werden die betroffenen Stellen mit dem Essigbausch abgetupft. Täglich zweimal möglichst 10 bis 30 Minuten lang anwenden, und das 7 Tage hintereinander.

Knoblauch gegen Hongkong-Fuß

Der so genannte Hongkong-Fuß äußert sich durch nässende Bläschen zwischen den Zehen, die mit starkem Juckreiz verbunden sind, eine offenbar für diese Region typische Art von Fußpilz (*tinea pedis*).

Eine Knoblauchzehe enthäuten, zerstampfen oder pressen und direkt auf die befallenen Stellen auftragen. Ähnliche Wirkung erzielt auch reiner Knoblauchsaft. Die antibiotische Wirkung von frischem Knoblauch ist am stärksten. Die in 1 g Knoblauch enthaltene Menge Allicin entspricht der Wirksamkeit von 15 Einheiten Penizillin.

10 bis 15 Minuten einwirken lassen und mit klarem Wasser abwaschen. Am besten abends vor dem Schlafengehen anwenden.

Handbad für rissige Hände

Manche Leute leiden berufsbedingt unter rissiger, verhornter Haut an den Händen. Dies kann sehr schmerzhaft sein und heilt oft schlecht.

Für ein linderndes Handbad nimmt man eine ganze Knoblauchknolle mit Haut und Stiel und kocht sie in einem Topf in ausreichend Wasser aus. Abkühlen lassen und in dem lauwarmen Sud die Hände jeden Abend zehn Minuten baden. Man muss diese Anwendung etwa einen Monat lang fortsetzen, um einen Heilerfolg zu erzielen.

Sitzbad mit Knoblauch gegen Hämorrhoiden

2–3 Knoblauchzehen werden 40 Sekunden bis 1 Minute lang in die

Mikrowelle gegeben oder kurz gedämpft. In ein Mullsäckchen verpacken und mit ausreichend warmem Wasser ein Sitzbad bereiten.

Darin badet man die betroffene Stelle regelmäßig, bis sich Linderung einstellt.

Knoblauch gegen Wadenkrämpfe

Wadenkrämpfe stellen sich meist im Winter, während der Nacht oder beim Schwimmen ein. Nach der traditionellen chinesischen Medizin sind sie auf Kälteeinwirkung im Körper zurückzuführen. Man kann dem durch regelmäßige Behandlung eines Akupunkturpunktes auf der Fußsohle vorbeugen.

Eine enthäutete Knoblauchzehe durchschneiden und mit der Schnittfläche den Akupunkturpunkt »Sprudelnde Quelle« (s. Abb. unten) auf beiden Fußsohlen reiben, bis sich ein Wärmegefühl einstellt. Dies sollte man täglich zwei- bis dreimal durchführen, um Wadenkrämpfen vorzubeugen.

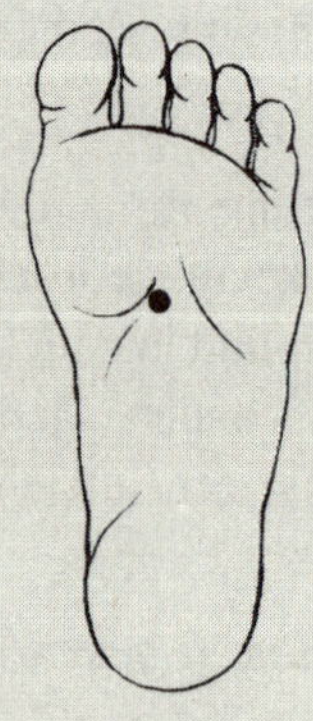

Genießen mit Knoblauch

Tipps

Knoblauchchips

Wer Knoblauch regelmäßig in seiner Küche verwendet, kann ihn auf Vorrat zu gerösteten Chips verarbeiten, die praktisch und schnell vielen Gerichten zugefügt werden können. Man kann getrocknete Knoblauchchips aber auch fertig im Chinaladen kaufen.

Man schält zwei Knoblauchknollen und enthäutet die Zehen. Diese werden in dünne Scheibchen geschnitten. In einer Pfanne wird ausreichend Pflanzenöl erhitzt (es sollte nicht rauchen). Darin die Knoblauchscheibchen kurz frittieren, bis sie goldgelb und knusprig sind.

Die Scheiben herausnehmen und auf Küchenkrepp trocknen lassen. In einem Schraubglas halten sie sich im Kühlschrank etwa 4 Wochen.

Knoblauchöl

Zwei Knoblauchknollen werden geschält und in Zehen zerteilt, die man enthäutet und in ein Schraubglas füllt. Man gießt mit Olivenöl auf und kann nach Belieben noch mit Pfefferkörnern und Chilischötchen würzen. Das Ganze lässt man drei bis vier Tage stehen, anschließend kann man das aromatisierte Öl für Salate und Speisen verwenden.

Knoblauch in Sojasoße als Brotaufstrich

Für passionierte Knoblauchfreunde dürfte dieser Brotaufstrich eine neue Variante ihrer Lieblingsknolle darstellen:

Man zerschlägt mit der Breitseite eines Küchenbeils oder mit der flachen Seite des Fleischklopfers die enthäuteten Zehen einer Knoblauchknolle. Etwa 3 EL Olivenöl in einer kleinen Pfanne erhitzen und den Knoblauch darin braten; er sollte nicht braun werden. Dann löscht man mit ca. 3 EL Sojasoße ab. Den Knoblauch herausfischen und heiß aufs Brot streichen oder mit dem Brot auftupfen.

Im Chinaladen gibt es eine fertige Paste aus schwarzen Sojabohnen und Knoblauch (Black Bean Garlic Sauce). Sie eignet sich hervorragend zur Verfeinerung von Speisen, vor allem zu Fisch, Huhn oder Tofugerichten. Hier finden Sie ein Rezept zur Anregung:

Hühnerbeine mit schwarzer Sojapaste und Zwiebeln

Als Beigericht für 4 Personen:

4 Hühnerbeine · 500 g Gemüsezwiebeln · 4 EL Soja-Knoblauchpaste

Die Zwiebeln schälen, halbieren und in breite Streifen schneiden. Die gewaschenen und abgetrockneten Hühnerbeine zusammen mit den Zwiebelstreifen und ausreichend Soja-Knoblauchpaste vermischen. Eine feuerfeste Form oder Reine (bei größeren Mengen auch ein Backblech) mit Öl bestreichen und im Backofen bei 180–200 Grad ca. 45 Minuten braten.

Weißgekochtes Schweinefleisch mit Knoblauchdip

Mit dieser wohlschmeckenden kalten Vorspeise werden Sie Ihre Gäste verblüffen.

Als Vorspeise für 5–6 Personen: 500 g nicht zu mageres Schweinefleisch (mit Schwarte)

Für den Dip:

2 EL gepresster Knoblauch · 1 EL gehackte Frühlingszwiebeln · 1 TL

Zucker · 4 EL helle Sojasoße · 1 EL Reiswein oder Sherry · 2 TL Sesamöl · 1 Schuss Chiliöl nach Belieben · etwas Salz · 1 Scheibe Ingwer

Das Schweinefleisch im Ganzen in kochendes Wasser geben, das vorher mit Salz und Ingwer gewürzt wurde. Das Fleisch eine halbe Stunde leicht köcheln lassen, dann herausnehmen und abkühlen lassen. Später in dünne Scheiben schneiden und auf einer Platte anrichten.

Die übrigen Zutaten zu einem Dip mischen. Dieser wird entweder über die angerichteten Fleischscheiben gegeben, oder jeder Gast erhält ein Tellerchen davon, in das er die Scheiben eintauchen kann.

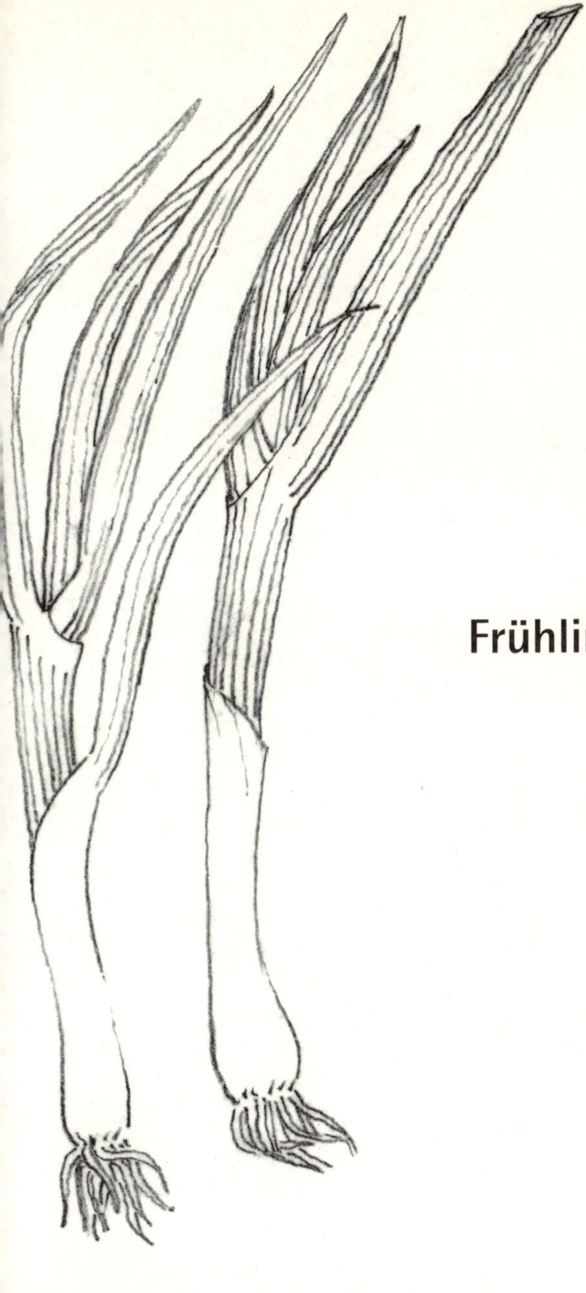

葱

Frühlingszwiebel

Allium fistulosum

Die Frühlingszwiebel, *cong*, darf auf keinem chinesischen Markt und in keiner chinesischen Küche fehlen. In großen Bündeln ragen sie ganzjährig aus Einkaufstaschen, hängen über Fahrradgepäckträgern und gehören, im Norden mehr noch als im Süden, zum Straßenbild. Wer im Chinesischen üppiges, saftiges Grün beschreiben will, nennt es »Zwiebelgrün«. Auf diese Weise prägen die Zwiebelstängel also nicht nur den Geschmack vieler Gerichte, sondern auch die ästhetische Wahrnehmung der Chinesen. Der Ursprung der Frühlingszwiebel wird entweder im Nahen Osten oder in China vermutet, in China wird sie aber nachweislich seit etwa 3000 Jahren als Kulturpflanze angebaut. Kaum ein chinesisches Rezept kommt ohne die aromatischen Stängel aus. Egal ob es sich um einfache Hausmannskost, etwa die Füllung von Teigtäschchen (siehe S. 138, Kap. Chinakohl) oder die bekannte Peking-Ente (siehe S. 122) handelt, die Frühlingszwiebel ist immer dabei. Sie bildet zusammen mit Ingwer, Knoblauch und Chili die Gruppe der »Vier Scharfen«, *si la*, die wichtigsten Gewürzpflanzen der chinesischen Küche. Daneben wird sie als Gemüse und als Heilmittel geschätzt.

In China gibt es hauptsächlich zwei Sorten, die »große« *(dacong)* und die »kleine« oder »duftende« (*xiaocong* oder *xiangcong*). Sie unterscheiden sich zwar im Geschmack, entsprechen aber in ihren Inhaltsstoffen weitgehend unserer Varietät. Die bei uns üblicherweise verwendete Küchenzwiebel *(allium cepa)* wird in China *yang cong,* also »ausländische« Zwiebel genannt, da sie im Gegensatz zur Frühlings- oder Lauchzwiebel keine einheimische Pflanze ist und erst relativ spät ins Land kam.

Der bei uns ebenfalls gebräuchliche Name Lauchzwiebel sollte nicht dazu verführen, die Pflanze mit dem Porree *(allium porrum)* zu verwechseln.

In der chinesischen Diätetik werden die Teile der Frühlingszwiebel unterschiedlich kategorisiert. Der weiße untere Teil hat die thermische Eigenschaft warm, während die grünen Röhrenblätter als kalt eingestuft werden. Sie wird bereits in dem Medizinklassiker des Shen Nong *(shennong bencao jing)*, dem ältesten bekannten medizinischen Buch Chinas aus der späten Han-Zeit (25–220 n. Chr.), erwähnt. Dort wird das Zwiebelweiß als Mittel gegen fiebrige Erkältungskrankheiten, Schlaganfall und als schweißtreibendes Mittel empfohlen. Gemäß der traditionellen chinesischen Medizin fördert die Frühlingszwiebel die *yang*-Energie, macht Leitbahnen durchlässig, regt die Schweißdrüsen an und vertreibt Windkälte aus dem Körper. Sie wird ferner eingesetzt gegen Kopfschmerzen, Verstopfung, bakteriellen Durchfall, Magenschmerzen, Wurmbefall sowie bei Zerrungen und Prellungen.

Auch die westliche Medizin hat mittlerweile die gesundheitsfördernde Wirkung der schwefelhaltigen ätherischen Öle entdeckt, die in der Frühlingszwiebel enthalten sind. Sie gelten als Krebsschutzfaktor, wirken antibiotisch und beeinflussen die Cholesterinverarbeitung in der Leber. Dort hemmen sie die Bildung des »schlechten« LDL und fördern das »gute« HDL. Außerdem schützen sie die Zellwände vor schädlichen Ablagerungen und beugen Gefäßverschluss und Schlaganfall vor. Die für *allium*-Gewächse typischen Schwefelverbindungen Allicin und Ajoen haben eine ähnliche Wirkung wie die Acetylsalicylsäure (Wirkstoff von Aspirin), die – in kleinen Mengen – als Vorbeugung gegen Thrombosen und Herzinfarkt eingenommen wird. Besonders gegen die vier gefährlichsten Krankheiten alter Menschen – Herz- und Blutgefäßerkrankungen, Schlaganfall, Diabetes und Krebs – scheint dieses Kraut gewachsen zu sein.

Frühlingszwiebeln sind reich an Vitamin C (25 mg per 100 g) und Mineralien, besonders an Kalium (124 mg per 100 g), aber auch an Kalzium, Phosphor, Magnesium, Schwefel und anderen. Insofern hat die moderne Medizin bestätigt, was chinesische Heilkundige schon kurz nach der Zeitenwende wussten und niedergeschrieben haben, und sie bescheinigt dieser preiswerten und immer verfügbaren Gewürzpflanze zudem ein weites Spektrum an neu erforschten Heilwirkungen. Ein Grund mehr also, die Frühlingszwiebel durch neue Rezeptideen und Heilanwendungen noch stärker in den kulinarischen und medizinischen Hausgebrauch zu integrieren.

Heilen mit Frühlingszwiebeln

Frühlingszwiebeln bei Erkältung

Schwitzpackung

30 g Weißes von der Frühlingszwiebel · 30 g Ingwer · 6 g Salz

Alle Zutaten zu einem Brei zerstampfen und mit 30–50 ml Schnaps vermischen. Die Masse in ein Stück Mull einschlagen und damit Brust, Rücken, Hand- und Fußflächen sowie die Achselhöhlen abreiben. Anschließend legt man sich sofort zum Schwitzen ins Bett.

Hilft bei Erkältungskopfschmerz und beginnender fiebriger Erkältung.

Zwiebeltee mit Koriander

15 g Weißes von der Frühlingszwiebel (1 Stange) · 15 g frisches Koriandergrün

Beides grob zerkleinern und in zwei Schalen Wasser auskochen, abseihen und heiß trinken.

Fiebersenkender Tee

15 g Weißes von der Frühlingszwiebel · 15 g frischer Ingwer · 15 g Walnusskerne · 1 TL grüner Tee (5 g)

Alles zu einem Brei zerstampfen, die Teeblätter hinzugeben und mit anderthalb Schalen Wasser aufkochen und abseihen. Auf einmal trinken und anschließend ins Bett gehen. Dabei unbedingt Zugluft vermeiden.

Wirkt schweißtreibend und fiebersenkend bei Wind-Kälte-Erkältungen.

Hustentee mit Zwiebelwurzeln und Süßholz

25 g Wurzeln von Frühlingszwiebeln (es darf auch noch ein Stückchen weißer Strunk dran sein) · 25 g Jujuba-Datteln (getrocknet im Chinaladen erhältlich) · 1 Prise grüner Tee (1 g) · 5 g Süßholz (in der Apotheke)

Die Datteln und das Süßholz mit 400 ml Wasser 15 Minuten kochen. Dann die Lauchwurzeln und Teeblätter zugeben und eine Minute weiterkochen und dann abseihen. Die Tagesdosis auf drei bis sechs Portionen verteilen und warm trinken. Der Sud kann auch mit kochendem Wasser aufgegossen werden.

Schwitzkur bei Erkältungshusten

1 mittelgroßer weißer Rettich · 15 g frischer Ingwer (walnussgroßes Stück) · weiße Stängel von 6 Frühlingszwiebeln

Den Rettich waschen, schälen und in Würfel schneiden. Mit 3 Schalen Wasser zum Kochen bringen und so lange köcheln lassen, bis die Flüssigkeit auf etwa 2 Schalen reduziert ist. Währenddessen den Ingwer waschen und bürsten. Zunächst in feine Streifen schneiden, diese dann mit dem Küchenbeil klein hacken. Zusammen mit den in Steifen geschnittenen Frühlingszwiebeln in den Sud geben und weiter einkochen, bis ca. 1 Schale Flüssigkeit übrig bleibt. Abseihen, heiß trinken und sich anschließend zum Schwitzen ins Bett legen.

Sud aus Frühlingszwiebeln und Birne gegen Bronchitis

10 weiße Teile von Frühlingszwiebeln (150 g, möglichst mit Wurzeln) · 1 Birne (130–150 g) · 30 g Zucker

Die Zwiebelstangen gut reinigen und grob zerkleinern, die Birne schälen und das Kernhaus entfernen. Mit 3/4 l Wasser in einen Topf geben und zusammen mit dem Zucker auskochen. Abseihen und heiß über den Tag verteilt trinken.

Hustentee für Vierbeiner

Husten bei Pferden und Kühen kann man kurieren, indem man einen Sud aus 60 g Weißem von der Frühlingszwiebel (4 Stangen) 30 g Aprikosenmandeln (erhältlich in Apotheken mit TCM-Orientierung) herstellt.

Frühlingszwiebeln bei Verdauungsproblemen

Wärmekissen bei nervösen Magenschmerzen oder Durchfall

60 g Weißes von der Frühlingszwiebel (ca. 4 Stangen) · 500 g grobes Salz

Die Frühlingszwiebeln klein hacken, mit dem Salz in einer Pfanne ohne Öl kurz rösten, bis es heiß ist. Die Masse in ein Stoffsäckchen füllen und auf den Bauch legen. Vorsicht, das geröstete Salz kann sehr heiß werden, es besteht die Gefahr von Verbrennungen. Das Säckchen kann nochmals erhitzt und wiederverwendet werden.

Sud aus Rettichblättern, Zwiebelwurzeln und Ingwer gegen Durchfall

60 g Strünke und Blätter vom weißen Rettich · 15 g Wurzeln von Frühlingszwiebeln · 10 g frischer Ingwer

Die Zutaten reinigen, zerkleinern und in 1/2 l Wasser auskochen. Die Tagesdosis auf zwei Portionen verteilt warm trinken.

Chronische Verstopfung bei alten Menschen

100 g Weißes von Frühlingszwiebeln (etwa 5–6 Stangen) · 2–3 EL Honig · 1/4 l Milch

Die Frühlingszwiebeln reinigen, zerkleinern und entsaften. Die Milch und den Honig aufkochen und anschließend den Zwiebelsaft hinzugeben und nochmals aufkochen. Jeden Morgen auf leeren Magen trinken.

Frühlingszwiebeln bei äußeren Verletzungen

Bei Prellungen, Zerrungen und Blutergüssen

Aus den weißen Abschnitten von Frühlingszwiebeln je nach Bedarf eine Masse herstellen und mit Zucker vermengt zu einem Brei rühren. Auf die betroffene Stelle auftragen. Mit einem Stück Mull abdecken und befestigen. Die Auflage täglich einmal wechseln, bis die Beschwerden abgeklungen sind.

Bei Verstauchungen

Eine ausreichende Menge Frühlingszwiebeln reinigen und im Mörser zu Brei zerstampfen. In einer Pfanne ohne Fett etwas anwärmen, sodass die Temperatur noch hautverträglich ist. Mit ein wenig hochprozentigem Alkohol vermengen, die Masse auf die betroffene Stelle geben und mit einer Mullbinde befestigen. Wenn die Masse abgekühlt ist, soll man sie noch einmal anwärmen und erneut auflegen. Zweimal täglich anwenden, bis der Fuß abgeschwollen ist.

Gegen Hühneraugen

Die Blätter der Frühlingszwiebel vorsichtig ablösen und die durchsichtige, folienartige Zwischenhaut abziehen. Diese wird, nachdem die Hornhaut so weit wie möglich entfernt wurde, auf das Hühnerauge aufgelegt und mit einem Pflaster befestigt. Alle zwölf Stunden wechseln und mindestens dreimal wiederholen.

Zerstampfte Frühlingszwiebeln bei Bienen- und Wespenstich

Nach Bedarf Frühlingszwiebeln waschen, zerkleinern und zerstampfen und den Brei auf den Stich auftragen. Lindert den Schmerz, lässt den Stich abschwellen und beugt Entzündungen vor.

Gegen Nasenbluten

Bei Nasenbluten schlitzt man eine gereinigte Frühlingszwiebel mit dem Messer der Länge nach auf. Den austretenden Saft tupft man mit einem Wattebausch auf und steckt ihn in das betroffene Nasenloch.

Hilfe bei Brandwunden

Man nimmt zu gleichen Teilen das Weiße von Frühlingszwiebeln und Honig, zerstampft die Frühlingszwiebel in einem Mörser und mischt den Honig darunter. Der Brei wird auf die verletzte Stelle aufgetragen. Er entgiftet, lässt die Wunde abschwellen und befördert die Heilung.

Frühlingszwiebeln als Schlafhelfer

Schlaftrunk aus Frühlingszwiebeln

Das Weiße von 8 Frühlingszwiebeln · 15 getrocknete Jujuba-Datteln · etwas Zucker

Die Zutaten grob zerkleinern und mit zwei Schalen Wasser zu einem Sud einkochen, bis die Flüssigkeit um die Hälfte reduziert ist. Abseihen und vor dem Schlafengehen warm trinken. Wer mag, kann die weich gekochten Datteln verzehren.

Heilkissen zur Schlafunterstützung

Wer Schlafprobleme hat, kann auch das Weiße von Frühlingszwiebeln zerhacken, in ein Mullpäckchen wickeln (hierbei bewährt sich Klebeband oder Leukoplast) und neben das Kopfkissen legen.

Den Frühlingszwiebeln wird eine die Nerven beruhigende Wirkung zugeschrieben, die auch den Schlaf fördern soll.

Frühlingszwiebeln bei Menstruationsbeschwerden

Zwiebel-Ingwertee

10 g Weißes von Frühlingszwiebeln · 10 g frischer Ingwer · 10 g Wurzel der chinesischen Engelwurz *(angelica sinensis)*

Die Zutaten zerkleinern und in 1/2 l Wasser auskochen und abseihen. Je nach Bedarf ganz oder auf zwei Portionen verteilt warm trinken.

Zwiebel-Fencheltee

15 g Fenchelsamen · 3 weiße Stangen der Frühlingszwiebel

Die Zutaten in etwa 1 l Wasser auskochen und abseihen. Über den Tag verteilt mehrmals warm trinken.

Wärmepackung

250 g weiße Stangen der Frühlingszwiebel · 120 g frischer Ingwer · 250 g grobes Salz

Frühlingszwiebeln und Ingwer fein hacken. Zusammen mit dem Salz in einer trockenen Pfanne kurz rösten, bis es warm ist. Achtung: Da das Salz sehr heiß werden kann, besteht Verbrennungsgefahr!

In einen Stoffsack füllen und als Wärmepackung auf den Unterbauch legen. Die Packung kann erneut erhitzt und mehrmals verwendet werden, bis die Schmerzen nachlassen.

Frühlingszwiebeln für Diabetiker

Frühlingszwiebeln haben ebenso wie die normale Küchen- oder Gemüsezwiebel für Diabetiker einen hohen Heilwert. Sie enthalten den pflanzlichen Wirkstoff Glukokinin, der ähnlich wie das Insulin der Bauchspeicheldrüse den Zuckerstoffwechsel fördert und daher die Blutzuckerwerte senkt. Die Patienten sollten möglichst zweimal am Tag eine Zwiebel zu sich nehmen. Diese sollte nur kurz gebraten und noch knackig sein, um ihre optimale Heilwirkung zu entfalten. Auf diese Weise kann auch den typischen Diabetes-Folgeerkrankungen vorgebeugt werden.

Zwiebelsalat gegen Durstgefühl

100 g weiße Teile der Zwiebelstangen · Sesamöl · Salz

Das bei Diabetes-Patienten häufige Durstgefühl kann durch einen Salat aus Frühlingszwiebeln gelindert werden. Dazu werden die weißen Teile der Zwiebelstangen mit ihren Wurzeln gründlich gereinigt. Anschließend werden sie mit kochendem Wasser überbrüht und schräg in feine Scheiben geschnitten. Je nach Geschmack mit etwas Sesamöl und Salz abschmecken und zweimal am Tag als Beilage zu den Mahlzeiten essen.

Tofu-Zwiebel-Salat

250 g Tofu · 250 g Frühlingszwiebeln · Sesamöl · Salz

Den Tofu in sehr feine Würfel hacken und mit kochendem Wasser kurz überbrühen, abseihen und beiseite stellen. Die Frühlingszwiebel ebenfalls überbrühen und anschließend fein hacken. Den Tofu anrichten, mit reichlich Sesamöl beträufeln und mit Salz abschmecken. Dann die Frühlingszwiebeln darübergeben und nochmals gut durchmischen.

Zwiebelfleisch kurz gebraten

Für eine Person:
60 g mageres Schweinefleisch · 250 g Gemüsezwiebeln · Pflanzenöl · Salz · Sojasoße · 1 TL Maisstärke

Die Zwiebeln in Scheiben schneiden. Das Schweinefleisch in feine Streifen schneiden und mit etwas Sojasoße marinieren. Ausreichend Öl in einer Pfanne erhitzen und das Fleisch unter Pfannenrühren kurz anbraten, dann herausnehmen und beiseite stellen. Erneut Öl in die Pfanne geben und die Zwiebeln anbraten, bis sie glasig sind. Dann das Fleisch hinzugeben, mit Salz und Sojasoße würzen und die in etwas kaltem Wasser angerührte Speisestärke unter Rühren zugeben.

Vorbeugen mit Zwiebeln

– Die schwefelhaltigen ätherischen Öle der Zwiebelgewächse wirken antibiotisch und steigern daher die Abwehr des Körpers gegen eine Vielzahl von Bakterien. Zudem versorgen sie im Winter den Körper mit Vitamin C. Zusammen mit Ingwer und Knoblauch bilden die »drei Scharfen« einen idealen Schutz für die Erkältungssaison.

– Speziell bei Patienten mit Magenkrebs konnte nachgewiesen werden, dass Frühlingszwiebeln das Wachstum von Tumorzellen hemmen.

– Zwiebeln wirken gegen Altersflecken: Da einer der Gründe für das Entstehen von Altersflecken Zinkmangel ist, kann man durch den regelmäßigen Verzehr von Frühlings- oder auch Gemüsezwiebeln, die einen relativ hohen Zinkgehalt aufweisen (Zwiebel 1,4 mg; Frühlingszwiebel 0,4 mg pro 100 g), Altersflecken vorbeugen oder sie wieder loswerden.

– Für Patienten mit hohen Blutfettwerten und hohem Blutdruck sind Zwiebeln ein wirksames Mittel, das frei von gefährlichen Nebenwirkungen und zudem schmackhaft ist. Ihre schwefelhaltigen Inhaltsstoffe wirken sich positiv auf den Fettstoffwechsel in der Leber aus, senken den »schlechten« LDL-Cholesterinwert im Blut ab und verbessern die Fließfähigkeit des Blutes. Außerdem schützen sie die Zellwände vor dem Angriff der so genannten freien Radikale. Sie sind daher ein natürlicher Verbündeter gegen die modernen Zivilisationskrankheiten.

Genießen mit Frühlingszwiebeln

Leider ist das Anwendungsspektrum für die Frühlingszwiebel hierzulande relativ begrenzt. Dies sollte sich angesichts der Heilwirkung dieses unscheinbaren Gemüses ändern. Wir möchten Ihnen einige Gerichte vorstellen, mit denen Sie Ihren Gaumen verwöhnen und gleichzeitig etwas Gutes für Ihre Gesundheit tun können. Besonders die nordchinesische Küche kennt einige typische Rezepte, in denen die Frühlingszwiebel eine prominente Rolle spielt, allen voran die berühmte Peking-Ente, die man natürlich am besten in einem Spezialitätenrestaurant verzehrt. Doch die sind in Deutschland dünn gesät. Es gibt aber auch eine Version für den Hausgebrauch, die mit relativ wenig Aufwand selbst herzustellen ist.

Peking-Ente – beijing kaoya

1 küchenfertige junge Ente (ca. 2–2,5 kg für vier bis sechs Personen) · Honig (möglichst flüssig) · Pflanzenöl · 6–8 Frühlingszwiebeln

Für die Pfannkuchen:
450 g Mehl · 300 ml Wasser · 1 TL Pflanzenöl
(In gut sortierten Chinaläden finden Sie diese Pfannkuchen fertig in der Tiefkühltruhe. Das spart viel Arbeit. Man muss diese dann nur noch im Dämpfer erhitzen.)

Tianmianjiang, die typische süße Sojabohnenpaste für die Pfannkuchen, die man fertig im Chinaladen kaufen kann (siehe S. 53 f., Kap. Sojabohne).

Am Vortag:
Die Ente waschen, abtupfen und in einen Topf mit heißem Wasser geben. 4–5 Minuten kochen lassen. Die Ente dann herausnehmen, abtrocknen und, so lange die Haut noch heiß ist, mit einer Öl-Honig-

Mischung, die man vorbereitet hat, bestreichen. Die Ente zum Trocknen aufhängen oder auf einen Rost legen. Das Einstreichen sollte mehrmals wiederholt werden, wobei die Haut zwischendurch immer wieder trocknen sollte.

Die Ente über Nacht an einen kühlen, luftigen Ort hängen. Vorsicht bei zu viel oder zu festem Honig; die Entenhaut verbrennt sonst leicht.

Am nächsten Tag wird sie mit der Brustseite nach oben auf einen Rost in den vorgeheizten Ofen gelegt und eine Fettpfanne untergestellt (brät man in einem Bräter, sollte die Ente nach der halben Zeit gewendet werden). Bei höchstens 200 Grad mindestens anderthalb Stunden braten, bis die Haut überall schön dunkel ist. Nach dem Herausnehmen zunächst die krosse Haut mit einer dünnen Fleischschicht ablösen, dann das restliche Fleisch mit der Faser in längliche Stücke schneiden und auf einer Platte anrichten. Dazu benötigt man ein wirklich scharfes Messer mit langer Klinge.

Herstellung der Pfannkuchen:
Während die Ente brutzelt, bereitet man aus 450 g Weizenmehl (für 25–30 Stück), 300 ml kochendem Wasser und 1 TL Pflanzenöl einen festen Teig. Das Wasser sollte man nach und nach einrühren und den Teig dann gut mit der Hand durchkneten. In einer Schüssel mit einem feuchten Tuch abgedeckt eine halbe Stunde ruhen lassen, anschließend noch einmal durchkneten, bis er elastisch ist. Der Teig wird in drei dicke Würste gerollt, diese wiederum schneidet man in je zehn gleichgroße Stücke. Die Arbeitsfläche mit Mehl bestreuen und darauf jeden Taler mit dem Nudelholz zu einem dünnen, runden Fladen von ca. 15 cm Durchmesser ausrollen. In einer Pfanne mit ganz wenig Öl – nur um ein Ankleben zu verhindern – auf beiden Seiten hellgelb ausbacken. Während des Backens einige Tropfen Wasser zugeben, damit die Pfannkuchen elastisch bleiben. Die Pfannkuchen auf einem Teller stapeln und warmhalten. Man kann die Pfannkuchen auch am Vortag herstellen und mit ein paar Tropfen Wasser in einer Pfanne oder im Dämpfer kurz vor dem Servieren erhitzen.

Die Frühlingszwiebeln waschen und längs in ca. 5 cm lange, feine Streifen schneiden und auf einem Teller anrichten.

Jetzt kann die Schlacht beginnen: Jeder Gast nimmt sich einen Pfannkuchen, bestreicht ihn dünn mit der süßen Sojapaste und legt 2 bis 3 Stücke knusprige Haut, Entenfleisch und einige Zwiebelstreifen darauf. Mit den Fingern rollt man den Pfannkuchen zusammen, schlägt das untere Ende ein, damit nichts herausfällt, und beißt zu.

Das Festessen beschließt eine Suppe, die aus der Entenkarkasse und Chinakohl besteht:

Suppe zur Peking-Ente

In China folgt die Suppe in der Regel den Hauptgerichten. Es handelt sich meist um klare Suppen oder milde Brühen, die keinen allzu starken Eigengeschmack haben, sondern den Gaumen spülen und im Magen »die Fugen ausfüllen« sollen. So auch die Peking-Enten-Suppe, die den feinen Entengeschmack mit der Frische des Chinakohls kombiniert.

1 Entenkarkasse · das Herz eines Chinakohls · Salz · 2 Scheiben Ingwer

Die Entenkarkasse zusammen mit den Ingwerscheiben in ausreichend Wasser auskochen, bis die Brühe fast milchig ist. Den Chinakohl im Ganzen in ca. 3 cm große Abschnitte schneiden, gegen Ende zu der Suppe geben und weich kochen. Mit Salz und eventuell etwas Glutamat abschmecken.

Das Problem bei dieser Suppe ist, dass man sie zu Hause kaum rechtzeitig zum Abschluss des Entenmahls herstellen kann. Die Suppe schmeckt aber auch zur nächsten Mahlzeit noch ganz köstlich.

Lauchpfannkuchen – congyoubing

500 g Weizenmehl · 2–3 Frühlingszwiebeln · 1 1/2 TL Salz · 6 EL Sesamöl · 1 EL Pflanzenöl

Das Mehl in eine Schüssel geben und mit 1/4 l heißem Wasser zu einer trockenen Masse rühren. Den Teig so lange kneten, bis er geschmeidig ist; er darf nicht mehr an den Fingern kleben. Anschließend mit einem Tuch abgedeckt 30 Minuten ruhen lassen. Inzwischen die Frühlingszwiebeln waschen, säubern und in feine Ringe schneiden.

Nach der Ruhezeit wird der Teig in drei gleich große Stücke geteilt. Eines der Stücke auf bemehlter Unterlage ca. 2 mm dick und möglichst rund ausrollen. Den Fladen gleichmäßig mit 1/2 TL Salz bestreuen und mit 2 EL Sesamöl bestreichen; ein Drittel der Zwiebelringe darüber streuen. Dann den Fladen zusammenrollen und die Enden etwas zudrücken, damit das Öl nicht herausläuft, anschließend die dabei entstandene Rolle zu einer Schnecke formen. Diese wird dann erneut zu einem runden Fladen von ca. 7 mm Dicke ausgerollt. Die anderen Teigstücke genauso bearbeiten.

Eine große Pfanne mit wenig Pflanzenöl auspinseln, einen Fladen hineinlegen und bei schwacher bis mittlerer Hitze zugedeckt auf jeder Seite etwa 5 Minuten garen, bis er leicht gebräunt ist. In Segmente geschnitten oder von Hand zerrissen servieren.

In China wird dieses äußerst populäre Gericht an Straßenständen angeboten und als Zwischenmahlzeit oder Beilage gegessen.

Rindfleisch mit Zwiebeln – fanqie niurou

200 g mageres Rindfleisch · 3 Gemüsezwiebeln · 3 EL Speiseöl · 3 EL Sojasoße · 1 TL Zucker · 2 EL Reiswein oder Sherry · 1 EL Tomatenmark · 1 TL Maisstärke

Das Rindfleisch in dünne Scheiben schneiden und mit 1 EL Sojasoße, 1 EL Reiswein und der Maisstärke marinieren und beiseite stellen. Die Zwiebeln schälen, halbieren und mit der Schnittfläche nach unten in 1 cm breite Streifen schneiden.

Das Öl in einer Pfanne erhitzen und das Fleisch darin unter Pfannenrühren anbraten und wieder herausnehmen. Erneut etwas Öl zugeben und die Zwiebeln darin braten, bis sie schlapp sind. Das Fleisch wieder hinzugeben und mit der restlichen Sojasoße, dem Reiswein und dem Zucker würzen. Anschließend bei schwacher Hitze das Tomatenmark unterrühren und noch kurz mitbraten.

Zwiebeln als Haushaltshelfer

Putzen von Messing

Eine Gemüsezwiebel aufschneiden, mit der Schnittfläche in Salz tunken und den Gegenstand damit abreiben. Beseitigt Flecken und sorgt für glänzende Oberflächen.

Hilfe beim Fensterstreichen

Vor der Erfindung des Kreppbandes half man sich in China beim Lackieren von Fenstern und Glastüren, indem man vor Arbeitsbeginn die Scheiben mit einer aufgeschnittenen Zwiebel abrieb. Danach lassen sich nämlich Farbspritzer problemlos entfernen.

Fliegendreck auf Spiegeln und Fenstern

Mit der frischen Schnittfläche einer Gemüsezwiebel oder einer halbierten dicken Frühlingszwiebel die Scheiben abreiben und den Fliegenkot lösen. Anschließend mit klarem Wasser wie gewohnt nachwischen. Diese Methode wurde sicherlich vor der Erfindung des Sidolins ersonnen, funktioniert aber zuverlässig und ist vielleicht für Bio-Haushalte zu empfehlen. Außerdem sollen die Geruchsspuren des Zwiebelsafts die Fliegen fürderhin abhalten.

Hilfe, der Reis ist angebrannt!

Wenn ein brenzliger Geruch aus der Küche befürchten lässt, dass der Reis angebrannt ist, so muss man ihn nicht sofort in der Mülltonne versenken. Abhilfe schafft eine dicke Lauchzwiebel, die man, gewaschen und in drei Abschnitte geteilt, in den Reis steckt. Dann schließt man den Deckel des Reistopfes wieder und lässt ihn noch eine Weile (ohne Feuer!) ziehen. Die Zwiebel nimmt dem Reis den verbrannten Geschmack, und der obere, nicht angebrannte Teil kann abgehoben und verzehrt werden.

Zwiebel als Abwehr gegen Küchenschaben

Auch in unseren Breiten wird man gelegentlich von diesen lästigen Insekten heimgesucht. Man kann sich ihrer erwehren, indem man gehackte Zwiebeln auf ihre Lieblingsplätze streut.

Zwiebelsaft zur Lederreinigung

Flecken auf Leder soll man mit der frischen Schnittfläche einer Zwiebel abreiben. Das beseitigt Schmutz und löst Fett und Öl.

白菜

Chinakohl

Brassica chinensis

Der Chinakohl, *baicai* oder *da baicai* (großes weißes Gemüse), ist eines der ältesten und bedeutendsten pflanzlichen Nahrungsmittel Chinas. Nicht umsonst wurde er von einem Sprichwort zum König der Gemüse gekrönt; eine besondere Sorte trägt den klangvollen Namen *bailong ya*, »Zahn des weißen Drachen«. Sein Anbau ist dort seit sieben Jahrtausenden belegt, schon in der ältesten Gedichtsammlung, dem ›Shijing‹, wird er besungen. In den Augen der Westler gilt er als besonders typisch für die chinesische Küche, weshalb sie dieser Kreuzblütlerart den Namen Chinakohl gaben. Umgekehrt erschien das bei uns so beliebte Weißkraut den Chinesen als besonders »westlich«, weshalb sie es *yang baicai* (fremdländischen Kohl) tauften.

Die zylindrischen Köpfe mit den gekrausten Blättern werden in Nordchina im Herbst geerntet und bestimmen dann für Wochen das Straßenbild der Städte. Über den langen kalten Winter war dieser lange lagerfähige Kohl der wichtigste Vitaminlieferant. Die Bauern schafften ihn in großen Mengen in die Städte, wo er zu Bergen in den Straßen aufgeschichtet lag. Dort kauften die Städter ihren Wintervorrat – je mehr desto besser –, und das gesamte Heim wurde zum Lagerplatz umfunktioniert. Die Köpfe hingen auf den Balkonen, lagerten in den Treppenhäusern und Fluren und wurden zum Teil sogar unter den Betten gestapelt. Ständiges Wenden und Entfernen der welken Blätter brachte die Köpfe durch den Winter. Dank der besseren Versorgungslage liegt jetzt im Frühjahr nicht mehr der typische Muff alten Kohls über Peking. Dennoch ist er ganzjährig ein beliebtes und für die Alltagsküche unverzichtbares Gemüse, denn »hundert Gemüse *(baicai)* schmecken nicht so gut wie Chinakohl *(baicai)*« – ein Wortspiel mit der gleichlautenden Silbe *bai*, die einmal »weiß« und einmal »hundert« bedeutet.

Offenbar sind auch Kaiser seinem Reiz erlegen, sofern sie einmal Gelegenheit hatten, solche einfachen Genüsse zu kosten. Um die Kaiserinwitwe Cixi und ihren Sohn Guangxu rankt sich folgende Geschichte: Als die alliierten westlichen Truppen 1900 in die Verbotene Stadt, also den Kaiserpalast in Peking, einmarschierten, war Cixi mit ihrem Sohn und Teilen des Hofstaats aufs Land geflohen. Ihr Koch musste seine Herrschaft während der Reise mit kargsten Mitteln versorgen. Einmal war nichts anderes verfügbar als welke Chinakohlblätter, Sojabohnen und Tofu. Daraus zauberte er eine Suppe, der er den klangvollen Namen »Perlen, Smaragde und weiße Jade« gab. Den Hoheiten mundete dieses Gericht so gut, dass sie auch nach der Rückkehr in den Palast danach verlangten. Doch mit der üppigen Hühnerbrühe und den erlesenen Zutaten, mit denen die Hofköche die Kreation nachkochten, schmeckte sie ihnen nur noch halb so gut. Hunger ist eben doch der beste Koch, könnte ein westliches Sprichwort resümieren.

Auch in die chinesische Kunst sind die länglichen Köpfe mit ihren zarten gemusterten Blättern eingegangen (s. Abb. unten). Als Dekor auf Vasen oder als Wandbild symbolisieren sie häusliche Zufriedenheit. Ihre zarten Farben, weiß und hellgrün, sind auch die typischen Farben der Jade und werden mit Reinheit und Frische assoziiert.

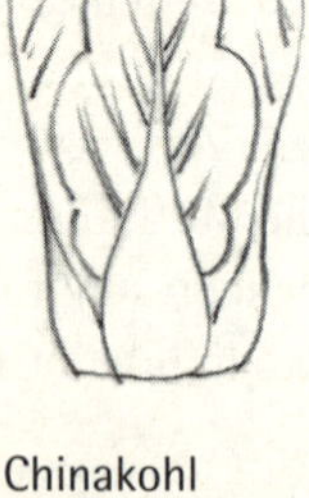

Der heilkräftige Kohl

In der Medizin findet der Kohl ebenfalls Anwendung. Seine thermische Qualität ist neutral, was ihn zum Grundnahrungsmittel qualifiziert. Den Blättern und Herzen wird kühlende, entwässernde, abführende und beruhigende Wirkung zugeschrieben. Besonders heilkräftig ist die Wurzel des *baicai*, was hier leider völlig unbekannt ist. Sie wird bei Erkältung, Husten und Bronchitis eingesetzt. In einigen Apotheken, die chinesische Heilkräuter führen, kann man getrocknete Wurzelstückchen kaufen.

Nicht umsonst wurde der Chinakohl für den Winter gehortet, denn er ist reich an Vitamin C, Provitamin A, Vitamin B_1 und Vitamine der B_2-Gruppe (Niacin, Riboflavin). Ferner enthält er Kalium, Kalzium, Eisen und Phosphor sowie wertvolle Aminosäuren. Die geschmacksbestimmenden Senföle fördern die Verdauung und stärken die Abwehrkräfte. Gegenüber unseren einheimischen Kohlarten hat er den Vorteil einer wesentlich kürzeren Garzeit; er kann auch roh verzehrt werden und bläht nicht. Außerdem fehlt ihm der typische Kohlgeschmack, der sonst nach der Zubereitung anderer Kohlsorten oft noch lange durchs Haus zieht.

Wer glaubt, Sauerkraut sei eine typisch deutsche Erfindung, die uns im angloamerikanischen Sprachraum ja auch den eher unangenehmen Beinamen »krauts« eingebracht hat, der irrt. In China wird der Chinakohl nach demselben Prinzip, also mittels milchsaurer Gärung, eingelegt. Da seine Blätter zarter sind als unser Weißkraut, muss er nicht gehobelt werden, sondern wird geviertelt, mit Salz in irdenen Gefäßen eingelegt und mit einem umgedrehten Teller und einem Stein verschlossen (vgl. Sauerkrautrezept S. 138).

Das macht den Chinakohl zu einem unkomplizierten, billigen Nährstofflieferanten, der inzwischen auch bei uns beliebt ist. Leider wird er hierzulande fast ausschließlich als Rohkost eingesetzt; dagegen ist zwar nichts zu sagen, man wird damit allerdings kaum der Vielfalt seiner Anwendungsmöglichkeiten gerecht. Besonders schmackhaft ist der Chinakohl gedünstet, gebraten, als Suppeneinlage und als Füllung. Mit unserer Rezeptauswahl wollen wir den Lesern vor allem diese Zubereitungsarten ans Herz beziehungsweise in den Magen legen, weshalb wir in diesem Kapitel gleich mit dem genüsslichen Teil beginnen.

Genießen mit Chinakohl

Fleischbällchensuppe mit Chinakohl und Glasnudeln – baicai wanzi tang

Diese typische Wintersuppe kann Teil eines Menüs sein, aber auch als nahrhafter Eintopf allein gereicht werden. Für vier Personen benötigt man:

1 kleiner Chinakohl oder die Außenblätter eines großen Chinakohls · 250 g Hackfleisch vom Schwein · 1 kleine Packung Glasnudeln (ca. 100 g) · 4–5 dünne Scheiben Ingwer · 2 Frühlingszwiebeln · 1 TL Salz · 1 EL Reiswein oder Sherry · 1 EL Sojasoße · Sesamöl

Wasser mit 3 Ingwerscheiben in einem Topf zum Kochen bringen. Die Chinakohlblätter ablösen, waschen, übereinanderlegen und quer in 4–5 cm lange Stücke schneiden. Die Kohlstücke in das kochende Wasser geben und auf kleiner Flamme weich kochen. Währenddessen die Glasnudeln in eine Schüssel geben und mit kochendem Wasser übergießen, kurz stehen lassen, dann abseihen und in die Suppe geben.

Für die Fleischbällchen den restlichen Ingwer und die Frühlingszwiebeln sehr fein hacken, dem Hackfleisch beimengen und mit einem gestrichenen TL Salz und je einem EL Reiswein würzen. Das Ganze gut glatt rühren, bis eine geschmeidige Masse entsteht. Mit einem Teelöffel Bällchen abstechen und rund formen. In die noch leicht siedende Suppe geben und kurz ziehen lassen, bis sie gar sind. Wenn die Flüssigkeit zu stark kocht, fallen die Bällchen auseinander, und die Suppe wird trübe.

Mit einigen Tropfen Sesamöl beträufeln und heiß servieren.

Chinakohl in Cremesoße mit Krabben – naiyou baicai

Für einen Servierteller:
1 Chinakohl (500–700 g) · 2 gestrichene TL Salz · 4 EL Speiseöl · 1 Hand voll getrocknete Krabben (gibt es im Chinaladen) · 1 EL Stärkemehl · 8 EL Kondensmilch

Die harten, äußeren Blätter des Kohls entfernen, die übrigen ablösen, aufeinanderlegen und quer in breite Streifen schneiden. Etwa 1 1/2 l Wasser im Topf erhitzen, 1 TL Salz und 1 EL Öl zugeben (das Öl gibt dem Kohl Glanz) und kurz blanchieren. Dann in einem Sieb mit kaltem Wasser abschrecken und abtropfen lassen.

Inzwischen wurden die Krabben in einer Tasse lauwarmem Wasser eingeweicht. In diesem Wasser wird die Maisstärke gelöst.

Das restliche Öl in der heißen Pfanne erhitzen, den Kohl und die Krabben hineingeben und unter Pfannenrühren anbraten und salzen. Wenn der Kohl weich ist, schiebt man ihn an den Rand, sodass in der Mitte der Pfanne eine freie Stelle entsteht. Die angerührte Stärke in die Mitte gießen und erwärmen, bis sie andickt. Dann die Kondensmilch zugeben und alles gut vermischen.

Kurz gebratener süß-saurer Chinakohl – tangcu baicai

Für einen Servierteller:
500 g zarte Chinakohlblätter · 3–4 dünne Scheiben Ingwer · 3 EL Speiseöl · 3 TL Zucker · 1 TL Salz · 3 TL dunkler Reisessig · 2 getrocknete Chilischoten

Kohlblätter waschen und jedes Blatt einzeln quer in ca. 4–5 cm lange Stücke schneiden; bei den weißen Abschnitten ist es wichtig, dass der Schnitt schräg ausgeführt wird, damit eine große, offene Oberfläche entsteht, in die die anderen Zutaten eindringen können (s. Abb. S. 19). Den Ingwer in feine Streifen schneiden. Das Öl in der heißen Pfanne erhitzen und Ingwer und Chilischoten darin anbraten, bis es duftet. Chinakohlstücke ebenfalls darin anbraten, dabei kommen die dicken, weißen Abschnitte zuerst in die Pfanne. 1 bis 2 Minuten pfannenrühren, dann Essig, Salz und Zucker hinzufügen, vermischen und kurz auf kleiner Hitze durchziehen lassen.

Chinakohlsalate einmal anders

Chinakohlsalat mit heißem Öl – qiang baicai

400 g zarte Chinakohlrippen · 3 EL Speiseöl · Salz · Szechuanpfeffer (12–15 Samenkapseln) · heller Reisessig · Sesamöl · 2 dünne Ingwerscheiben · 1 Frühlingszwiebel

Die Chinakohlrippen in Streifen von etwa 1 cm Länge schneiden. Mit etwas Salz mischen, damit der Saft austritt. Nach einiger Zeit mit kaltem Wasser überbrausen und auf einem Teller anrichten. Ingwer und Frühlingszwiebeln in sehr feine Streifen schneiden und über den Kohl streuen. Das Öl in der Pfanne erhitzen und den Blütenpfeffer darin anrösten, bis er dunkel wird und duftet. Das Öl mit dem Pfeffer heiß über den Salat gießen. Je nach Geschmack Salz und Essig untermischen und mit einigen Spritzern Sesamöl servieren.

Süßsaurer Chinakohlsalat – tangcu la baicai

1 kleiner Chinakohl (ca. 500 g) · 1–2 EL Speiseöl · 2–3 EL Zucker · 3–4 EL dunkler Reisessig · 1 TL Salz · Frühlingszwiebeln · Chilischoten · Koriandergrün

Die nicht mehr frischen Außenblätter entfernen und den Kohl in Viertel schneiden. Mit kochendem Wasser überbrühen und anschließend kalt abschrecken. Abtropfen lassen und in eine Schale geben.

Die Chilischoten entkernen und in feine Ringe schneiden, Ingwer und Frühlingszwiebeln in haarfeine Streifen schneiden. Alle drei Zutaten im heißen Öl anbraten, bis es duftet. Essig, Zucker und Salz hinzufügen. Den Sud kurz aufkochen und vom Feuer nehmen. Nach kurzem Abkühlen über die Kohlstücke gießen und im Kühlschrank einige Stunden ziehen lassen. Vor dem Servieren die Kohlviertel quer in Streifen schneiden. Mit dem gezupften Koriandergrün und fein geschnittenen roten Chilischoten garnieren.

Drei-Frisch-Salat – sanxian shengcai

1 mittlerer Chinakohl · 100 g Radieschen · 25 g Wasserkresse oder 1 handelsübliche Packung normale Kresse · 1 kleine Zwiebel oder 2 Frühlingszwiebeln · 1 frische Chilischote (nicht zwingend) · 3 EL Olivenöl · 1 1/2 TL Salz · 1 TL Sesamöl · 1 Prise Zucker · 1 Spritzer Sojasoße

Die Außenblätter des Kohls entfernen, die übrigen Kohlblätter waschen, übereinanderstapeln und quer in ca. 3 cm breite Streifen schneiden. Die Radieschen waschen und in Streifen schneiden. In einer Schüssel mit dem Salz mischen und einige Zeit weinen lassen. Den Saft möglichst nicht verkommen lassen, sondern trinken oder weiterverarbeiten. Das abgetropfte Gemüse mit der geputzten Kresse vermischen. Die fein gehackten Zwiebeln und die entkernte Chilischote – ebenfalls fein gehackt – in erhitztem Olivenöl kurz pfannenrühren, bis es duftet, dann heiß über den Salat geben und mit Zucker, Sesamöl und Sojasoße abschmecken.

Sauerkrautsuppe – *suancai bairou tang*

Dieses Wintergericht ist typische nordchinesische Hausmannskost. Da man hierzulande keinen eingelegten Chinakohl bekommt, kann man sich genauso gut mit unserem Sauerkraut behelfen.

Als Gericht für 4 Personen:
500 g Sauerkraut · 250 g durchwachsenes Schweinefleisch · 100 g Glasnudeln · 3–4 Scheiben frischer Ingwer · 1 TL Sesamöl · Salz · 1 EL frisches Koriandergrün (wer mag, kann damit dekorieren)

Für den Dip:
Sojasoße, Reiswein, Zucker, Chiliöl oder -paste nach Belieben. Klassischerweise gehört zu diesem Dip der salzige vergorene Tofu (*jiangdoufu*, vgl. S. 52, Kap. Sojabohne).

Das Schweinefleisch am Stück etwa 5 Minuten in kochendem Wasser garen, dann herausnehmen, ein wenig auskühlen lassen und in mundgerechte große Scheiben schneiden (ca. 1/2 cm dick).

1 1/2 bis 2 l frisches Wasser im Topf zum Kochen bringen, das Sauerkraut hinzugeben und kurz aufkochen. Glasnudeln hinzufügen und erneut aufkochen. Dann die Fleischscheiben hinzugeben und auf mäßiger Hitze köcheln lassen, bis das Kraut angenehm weich ist. Mit Salz je nach Geschmack abschmecken.

Das Schweinefleisch wird beim Essen in einen Dip aus den oben genannten Zutaten getaucht.

Klassische nordchinesische Teigtäschchen – *jiaozi*

Teig:
450 g Mehl · 300 ml Wasser (Man kann die fertigen Fladen auch tiefgefroren im Chinaladen kaufen.)

Füllung (für ca. 50 Täschchen):
250 g Hackfleisch, gemischt oder vom Schwein · 1 Chinakohl-

Herz (ca. 200 g) · 1 Scheibe Ingwer · 2 Frühlingszwiebeln · 1/2 TL Salz · 2 TL Sesamöl · 1 EL Speiseöl · 1 EL Sojasoße · weißer Pfeffer · Glutamat (falls erwünscht, vgl. S. 21)

Für den Dip:
Sojasoße, Reisessig und Chiliöl nach Belieben

Aus dem Mehl und dem lauwarmen Wasser einen festen Teig anrühren. Das Wasser nach und nach zugeben und den Teig anschließend gut mit der Hand durchkneten. In einer Schüssel mit einem feuchten Tuch abgedeckt eine halbe Stunde an einem warmen Ort ruhen lassen, danach noch einmal durchkneten, bis er elastisch ist.

Während der Teig ruht, wird die Füllung hergestellt. Den Kohl waschen und auseinander nehmen. Dann portionsweise die Blätter übereinander stapeln und quer zur Faser in sehr feine Streifen schneiden, diese dann fein hacken. Ingwer und Frühlingszwiebeln ebenfalls fein hacken. Zusammen mit dem Hackfleisch wird alles in eine große Schüssel gegeben und mit Salz, Sojasoße, Speise- und Sesamöl, Pfeffer und eventuell einer Prise Glutamat kräftig durchgerührt – am besten mit der Hand –, bis eine gleichmäßige Masse entsteht. Die Füllung beiseite stellen.

Jetzt die Teigmenge dritteln und daraus nacheinander Würste von ca. 3 cm Durchmesser herstellen, wobei der restliche Teig immer unter dem feuchten Tuch bleiben muss, um ein Austrocknen zu verhindern. Dann in ca. 2 cm dicke Taler schneiden. Diese werden auf einer bemehlten Arbeitsfläche mit der Hand flachgedrückt und dann mit dem Nudelstock durch Drehbewegungen in kreisrunde Fladen ausgewalzt, die etwa einen Durchmesser von 7–8 cm haben.

Die Fladen müssen sofort verarbeitet werden, bevor man die nächste Teigwurst ausrollt, weshalb es ratsam ist, sich Helfer zu holen. Man gibt einen gehäuften TL der Füllung in die Mitte des Fladens, klappt ihn zusammen und drückt den Teig zunächst oben, dann an den beiden Seiten fest zu (bei Bedarf etwas anfeuchten, vor allem bei fertig gekauften Fladen). Damit das Teigtäschchen kein flacher

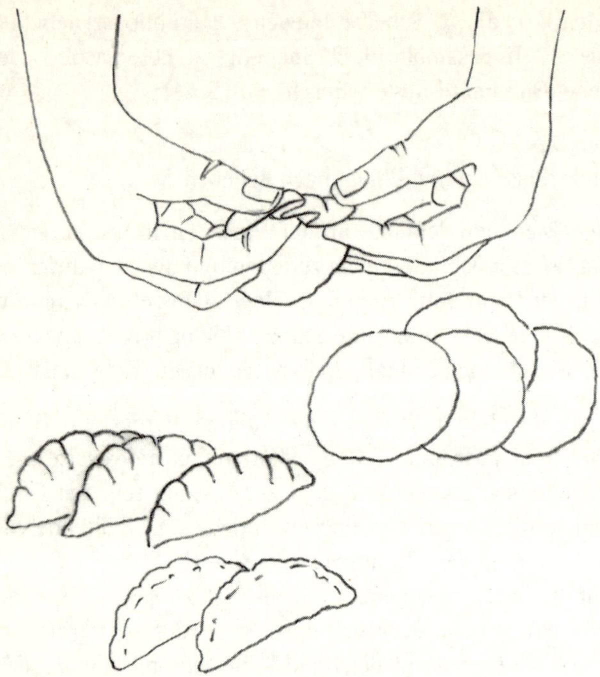

Ravioli wird, muss der Teig an den jetzt noch offenen Stellen einen »Abnäher« bekommen, damit sich eine Tüte bildet (s. Abb. oben). Das Täschchen unbedingt gut verschließen, sonst bekommt man Hackfleischsuppe.

Inzwischen hat man einen großen Topf mit Wasser zum Kochen gebracht und setzt die *jiaozi* vorsichtig portionsweise (ca. 20 Stück je nach Topfgröße) in das Wasser, lässt sie einmal aufkochen und vermindert dann die Hitze. Die Täschchen sind nun an die Oberfläche gestiegen und müssen hier noch ein paar Minuten gar ziehen. Wenn die Füllung durchgegart ist, nimmt man sie mit einem Schaumlöffel heraus und lässt sie gut abtropfen.

Auf einem Teller ausgelegt (nicht übereinander stapeln!) servieren und sofort verzehren. Dazu taucht man sie in eine Mischung aus Sojasoße und Reisessig. Wer Scharfes liebt, kann noch Chiliöl oder -paste hinzugeben.

Sollten noch Teigtäschchen übrig bleiben, kann man sie einfrieren oder am nächsten Tag in der Pfanne mit etwas Öl goldgelb ausbraten. Dann schmecken sie fast noch besser als am Vortag.

Auch ein *jiaozi*-Essen endet in China traditionellerweise mit einer Suppe. Diese besteht lediglich aus dem Kochwasser der Teigtäschchen, von dem abschließend eine Schale heiß getrunken wird. Was Menschen hierzulande fade und langweilig schmeckt, beschließt für den Chinesen das Mahl, denn man sagt *yuantang hua yuanshi*, »die Speise in ihrer eigenen Suppe verdauen«.

Für Könner: Gebratene Teigtäschchen – shaomai

Wer es sich zutraut, kann einen Teil seiner *jiaozi* zu *shaomai* verarbeiten. Dazu gibt man die rohen Teigtäschchen in eine heiße Pfanne, deren Boden mit Speiseöl bedeckt ist. Dort hinein legt man die *jiaozi* in dichten Reihen. Sie werden zunächst kurz angebraten, dann schließt man den Deckel und gießt vorher mit ein wenig Wasser auf. In dem sich bildenden Dampf garen die *jiaozi*, müssen aber gleichzeitig am Boden eine knusprige Kruste bilden, es darf also nicht zu viel Wasser zugegeben werden. Diesen Vorgang wiederholen, bis die Täschchen gar sind, dann mit einer Backschaufel immer gleich mehrere zusammen aus der Pfanne heben.

Teigtäschchen, *jiaozi*, waren in Nordchina ursprünglich ein Neujahrsessen, das die ganze Familie um den Tisch versammelte, sowohl für Herstellung wie auch für den gemeinsamen Verzehr. Der Silvesterabend verging mit der Zubereitung, und die fertigen Täschchen sollten unmittelbar nach Mitternacht in den Topf wandern und noch das Knallen der Feuerwerkskörper hören. Sie symbolisierten die Harmonie im Familienkreis. In einem der Täschchen wurde eine

Münze versteckt, und wer sie bekam, hatte besonderes Glück im neuen Jahr. Mit wachsendem Wohlstand sind sie nun allgegenwärtig und werden meist auch fertig gekauft. Dennoch gehören sie im Norden zu den beliebtesten Gerichten und können in Füllung und Zubereitungsart variiert werden. Vegetarische Varianten enthalten zum Beispiel Glasnudeln, Shiitake-Pilze, Shrimps, Bambussprossen und Rühren.

蘑菇

Pilze

Chinesische Heil- und Speisepilze

Pilze sind eine ganz besonders wirksame Heilnahrung. Sie sind sehr eiweißhaltig, haben einen hohen Vitamingehalt und die Eigenschaft, große Mengen an Mineralstoffen und Spurenelementen aufzunehmen. Gleichzeitig sind sie sehr energiearm. Man kann also durch Pilze den Körper mit wichtigen Vitalstoffen versorgen, ohne sich viele Kalorien zuzuführen. Die hohe Nährstoffdichte macht sie zur idealen Schlankheitskost.

In China wusste man bereits vor unserer Zeitrechnung um die besondere Heilkraft der Pilze, hat diese erforscht und sich erfolgreich um den Anbau bemüht. In den 1970er Jahren wurde dieses Wissen von japanischen Forschern aufgegriffen und in groß angelegten klinischen Studien vertieft. Ihre Ergebnisse konnten die Erfahrungswerte der TCM weitgehend bestätigen; es wurden bei der Prophylaxe und Behandlung schwerster Erkrankungen geradezu sensationelle Erfolge bekannt. Von Japan gelangten die mykotherapeutischen Erkenntnisse in den Westen, wo die Pilztherapie ein noch sehr junges Forschungsgebiet ist. Das ist der Grund, warum viele der chinesischen Heil- und Speisepilze, wie etwa der Shiitake, hierzulande unter ihren japanischen Namen verbreitet sind.

Inzwischen sind von fast allen wichtigen Pilzsorten Presssafttabletten oder Kapseln erhältlich. Ihre Einnahme als Nahrungsergänzungsmittel ist in vielen Fällen sicherlich sinnvoll, enthalten sie doch, in kontrolliertem Anbau gewonnen und schonend hergestellt, die kostbaren Wirkstoffe in reiner Form und hoher Konzentration. Erfreulicherweise sind aber viele Sorten, wie Shiitake, Austernpilz oder Judasohr, inzwischen auch bei uns als Frisch- oder Trockenpilze erhältlich. Weil diese neben ihrer Heilwirkung als Delikatesse geschätzt werden, hat die chinesische Küche schmackhafte und durch Kombination mit anderen Nahrungsmitteln besonders wirksame Rezepte für ihre Zubereitung entwickelt. Wir möchten Sie daher ermutigen, diese kleinen Wunderheiler bewusst in Ihren Speisezettel aufzunehmen, um sich neben der Heilwirkung auch den Genuss nicht entgehen zu lassen. Es gibt kaum eine wohlschmeckendere Art, seiner Gesundheit Gutes zu tun, als ein Pilzgericht. Dabei sollten Sie grundsätzlich Folgendes beachten:

- Die Pilze sollten möglichst aus kontrolliertem Anbau stammen. Die oben erwähnte Eigenschaft, Mineralstoffe anzureichern, gilt natürlich auch für Schadstoffe, die der Pilz aus dem Boden und der Luft aufnimmt, wie wir spätestens nach der Reaktorkatastrophe von Tschernobyl erfahren mussten.
- Verarbeiten Sie nur ganz frische Ware, die keinerlei Schimmelbefall aufweist, und lagern Sie die Pilze kühl und trocken.
- Getrocknete Pilze sollen immer in kaltem Wasser eingeweicht werden. Das kann, je nach Größe, einige Stunden dauern. Wer kurzfristig plant, kann den Vorgang durch warmes Wasser beschleunigen, büßt dann aber Aromen und Nährstoffe ein.
- Das Wiedererwärmen nicht rasch genug ausgekühlter Pilzgerichte kann zu Übelkeit führen und sollte vermieden werden.
- Zum Einweichen reicht eine kleine Schale Wasser (Pilze bei Bedarf beschweren!). Gibt man in das Wasser, das später noch zum Angießen verwendet werden kann, eine Prise Zucker, so wird verhindert, dass zu viele Aromastoffe an das Wasser abgegeben werden. Vor dem Herausnehmen sollte man die Pilze leicht ausdrücken, das erleichtert das Schneiden, wobei der harte Stiel immer entfernt wird.
- Frische Pilze sollten nicht gewaschen, sondern nur mit einer weichen Bürste oder dem Messer gereinigt werden.

Der Shiitake-Pilz

Lentinus edodes

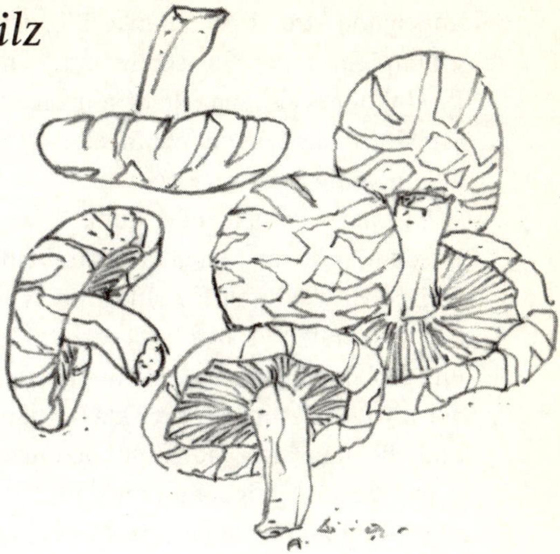

Der chinesische Duft- oder Winterpilz (*xianggu* oder *donggu*) ist bei uns unter seiner japanischen Bezeichnung Shiitake bekannt (*shii* ist der Name eines Baumes, *take* heißt Pilz). Dieser Name verweist auf seinen Wachstumsort: Er gehört zur Familie der Weißfäulepilze und sprießt auf den abgestorbenen Stämmen bestimmter Eichen-, Buchen- und Kastanienarten. In China wurde er bereits in literarischen Klassikern aus vorchristlicher Zeit als Speisepilz erwähnt. Wegen seiner kulinarischen und medizinischen Qualität wird er nachweislich seit etwa achthundert Jahren gezielt angebaut. Dies ist ein langwieriger Vorgang. Im ersten Jahr müssen die entsprechenden Stämme im August und September geschlagen und gegen das Austrocknen mit Reisig bedeckt werden. Im zweiten Jahr werden die Stämme flach eingeritzt und mit den Sporen geimpft. Geerntet wird erst im dritten Jahr, und zwar im Herbst oder Winter; daher der Name Winterpilz. Mittlerweile kann dieses Verfahren beschleunigt werden, indem er auf einem Substrat aus Sägespänen angebaut wird. Der Shiitake-Pilz ist mittlerweile nach dem Champignon der Speisepilz mit dem weltweit zweitgrößten Produktionsvolumen. Nicht umsonst zählt er in China zu den »Schätzen aus Bergen und Meeren« *(shanzhen haiwei)* und wird auch »König der Pilze« genannt.

Er hat einen hell- oder dunkelbraunen Hut von 5 bis 12 cm Durchmesser, die Lamellen sind weiß oder zartgelb, und sein Fleisch ist weiß und fest. In China wird er vorwiegend getrocknet angeboten. Dabei gibt es große Preisunterschiede: Die billigen Exemplare haben dünne, flache Hüte in Braun oder Schwarz, die mittlere Preisklasse hat dicke, fleischigere Hüte, und die teuersten, auch Blumenpilze *(huagu)* genannt, sind heller, haben rissige, gesprenkelte Hüte und erinnern an Chrysanthemen. Ihnen allen eignet der charakteristische, feine Duft; bei den dickeren Pilzen schätzt man besonders den fleischigen Biss.

Wenn in den folgenden Rezepten stets von getrockneten Shiitake-Pilzen die Rede ist, so deshalb, weil ihr Aroma sehr viel intensiver ist; selbstverständlich können sie in allen Fällen durch frische Pilze ersetzt werden. Beim frischen Shiitake-Pilz vermisst man allerdings den charakteristischen Duft des Trockenpilzes. Das liegt daran, dass durch den Trocknungsvorgang der für den unverwechselbaren Duft verantwortliche Inhaltsstoff Lenthionin angereichert wird. Diese besondere Eigenschaft macht den Shiitake zu einem gut lagerfähigen und leicht transportablen Produkt.

Wirkstoffe des Shiitake-Pilzes

Der Shiitake wird erstmals in einem yuanzeitlichen Medizinklassiker (*riyong bencao*, um 1330) erwähnt. Seine thermische Qualität ist neutral. Nach den Erkenntnissen der TCM kräftigt er das *qi*, stärkt Milz und Magen und verhilft infektiösen Erkrankungen mit Ausschlag, wie Pocken und Masern, zum schnelleren Ausbruch.

In China wird er traditionell angewendet zur Stärkung bei Altersschwäche oder nach Krankheit, bei Milz- und Magenschwäche, Appetitlosigkeit und häufigem Wasserlassen. Aufgrund neuester klinischer Studien hat er inzwischen allerdings ein sehr viel weiteres Anwendungsspektrum. Er wird eingesetzt bei Bluthochdruck, erhöhten Blutfettwerten, Diabetes, Rachitis, Verstopfung, Blutarmut und bei der Tumorbekämpfung.

Die moderne Ernährungswissenschaft hat im Shiitake-Pilz einen besonderen Reichtum an Wirkstoffen nachweisen können, darunter alle acht essentiellen Aminosäuren, die der Organismus nicht selbst herstellen kann. Das Provitamin Ergosterol wird im menschlichen Organismus zu Vitamin D umgewandelt, das in Verbindung mit Kalzium für den Aufbau von Knochen und Zähnen wichtig ist. Da Vitamin D in Obst und Gemüse nicht enthalten ist, werden Shiitake-Pilze vor allem für Vegetarier empfohlen. In diesem Zusammenhang raten chinesische Fachleute, die getrockneten Pilze vor dem Einweichen kurz in die Sonne zu legen, was die Ergosterol-Umwandlung und Vitamin-D-Aufnahme des Körpers begünstigt. Aufgrund dieser Erkenntnis wird der Duftpilz im Chinesischen als »Fleisch aus dem Wald« bezeichnet und spielt in der buddhistischen Tempelküche von jeher eine wichtige Rolle

Daneben enthält er die wertvollen B-Vitamine der Gruppen B_1 (Thiamin) und B_2 (Niacin und Riboflavin). Thiamin stärkt die Nerven und gleicht Ernährungssünden wie Alkohol oder Weißmehl aus; Riboflavin schützt die Schleimhäute und wirkt bei der Bildung roter Blutkörperchen mit; Niacin beugt Verdauungsproblemen, Appetitlosigkeit und Hautunreinheiten vor. Außerdem enthält der Pilz die Vitamine B_6, B_{12} und die seltene Folsäure. Diese Antioxidantien gehören zu den Stoffen, die freie Radikale im Körper binden und somit der negativen Wirkung von UV-Strahlung und Nikotin entgegenwirken können.

Besonders wertvoll ist der Shiitake-Pilz für Diabetiker sowie für Gichtkranke und Bluthochdruckpatienten. Er enthält ausgesprochen wenig Natrium, Purin und Glukose, Stoffe, die diese Menschen schlecht verarbeiten können. Dafür enthält er das Polysaccharid Lentinan, das die körpereigene Insulin-Produktion fördert. Der Bioaktivstoff Eritadenin begünstigt die Umwandlung des schädlichen Blutfettes LDL-Cholesterin zu HDL-Cholesterin und schützt somit vor Arteriosklerose. Der Shiitake enthält darüber hinaus Substanzen, die das Bindegewebe festigen und die Abheilung bereits entstandener Schäden an den Arterienwänden fördern, wodurch er das Thromboserisiko vermindern kann.

Auch in der Krebsforschung hat der Shiitake-Pilz von sich reden gemacht. Er enthält bestimmte Polysaccharidkomplexe, die die krebshemmende Fähigkeit des Körpers erhöhen, indem adäquate Abwehrzellen produziert werden. Laut einer japanischen Studie waren Krebszellen, die man Mäusen implantiert hatte, nach der Einnahme eines Extrakts aus frischen Shiitake-Pilzen nach fünf Wochen völlig verschwunden.

Der in den Pilzen enthaltene Wirkstoff Lentinan kann die Produktion körpereigener Abwehrzellen (T-Lymphozyten, Makrophagen und so genannte Killer-Zellen) fördern und damit die körpereigene Immunabwehr steigern. Dies gilt für Erkältungskrankheiten und andere Infekte ebenso wie für Autoimmunerkrankungen und Hepatitis B. In China hat man beobachtet, dass Verkäufer, die täglich mit Shiitake-Pilzen umgehen, nur ganz selten an Grippe erkranken.

Heilen mit dem Shiitake-Pilz

Shiitake-Pilze und Stangensellerie gegen Bluthochdruck

100 g bereits eingeweichte Shiitake-Pilze (etwa eine Hand voll Trockenpilze, die mehrere Stunden in kaltem Wasser eingeweicht werden) · 250 g Stangensellerie (möglichst die zarteren Stangen) · 2 EL Speiseöl · 1 EL Kochwein · 1 EL Sojasoße · Salz · 1 TL gehackter Ingwer · 1 EL gehacktes Zwiebelgrün · 1 TL Maisstärke · Sesamöl

Die Pilze halbieren und den Stiel entfernen. Die Selleriestangen waschen, abtropfen lassen, die dickeren Fäden abziehen und in dünne, schräge Streifen schneiden. Die Selleriestreifen in kochendem Wasser blanchieren und abseihen. Das Speiseöl in der Pfanne erhitzen, den gehackten Ingwer und das Zwiebelgrün darin anbraten, bis es duftet. Dann die Pilzhälften und die Selleriestreifen dazugeben und pfannenrühren. Mit Kochwein, Sojasoße und Salz abschmecken. Inzwischen hat man die Maisstärke mit etwas kaltem Wasser angerührt. Diese wird nun in die Pfanne gegeben. Unter Rühren noch einmal aufkochen lassen. Mit Sesamöl besprenkeln und servieren.

Wirkt blutdrucksenkend und entgiftend, unterstützt den Magen und stärkt das *qi*.

Würzige Power-Pilze

250 g eingeweichte Shiitake-Pilze (ca. 15 getrocknete Pilze, die mehrere Stunden in kaltem Wasser eingeweicht und dann vorsichtig ausgedrückt werden) · 2 EL Speiseöl · 2 EL Sojasoße · 2 EL Zucker · 1 EL Kochwein · 1 Prise Salz · 1/2 Tasse Brühe · Sesamöl

Die Pilze entstielen, aber ganz lassen. Das Öl in der Pfanne erhitzen (Vorsicht, nicht zu heiß werden lassen, da die Pilze nass sind), die Pilze hinzugeben und mit der Brühe aufgießen. Nach dem Aufkochen Sojasoße, Zucker, Kochwein und Salz zugeben. Auf kleiner Hitze 40 Minuten bei geschlossenem Deckel köcheln lassen. Dann den Deckel abnehmen, und bei starker Hitze die Flüssigkeit reduzieren. Auf einem Teller auslegen und mit Sesamöl besprenkeln.

Dieses Pilzgericht baut Sie bei Schwächezuständen wieder auf. Es stärkt das *qi*, kräftigt die Milz und nährt den Magen.

Auberginen mit Pilzen

500 g Auberginen · 25 g getrocknete Shiitake-Pilze · 2 EL Kochwein · Salz · Sesamöl

Die Auberginen von den Stielen befreien, waschen und in rautenförmige Stücke schneiden. Die Pilze abspülen, kurz einweichen und auf den Boden einer Schale legen, die Auberginenstücke daraufschichten. Etwas Salz, Wasser und Kochwein dazugeben und in einem Dämpfer 20 Minuten lang dämpfen. Anschließend mit Sesamöl beträufeln und servieren.

Tagesdosis auf zwei Portionen verteilt als Gericht essen. Lindert Hitze und entgiftet, belebt den Kreislauf und heilt Schwellungen.

Weitere Heilrezepte zur begleitenden Krebstherapie finden Sie auf S. 163.

Der Austernpilz

Pleurotus ostreatus

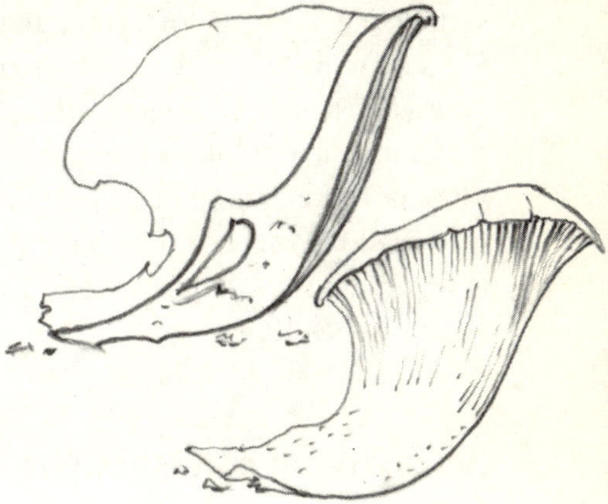

Der Austernpilz (*pinggu* oder Flachpilz) wird in China noch nicht so lange wie der Shiitake-Pilz medizinisch genutzt, ist aber mittlerweile wegen seiner Wirkstoffe, wegen seines Geschmacks und vor allem wegen seines Vitaminreichtums allgemein geschätzt und verbreitet. Er weist sogar einen noch höheren Vitamingehalt auf als der Shiitake:

	Vit. C	Thiamin (B_1)	Niacin (B_2-Gruppe)	Riboflavin (B_2-Gruppe)	Pantothen-säure	Folsäure
A	111	1,75	60,0	6,6	21,1	1,278
S	-	0,40	11,9	0,9	-	-

Angaben in mg pro 100 g Trockensubstanz
– = keine Angaben*

Seine thermische Qualität tendiert zur Wärme. Er vertreibt aus Sicht der TCM Wind und Kälte aus dem Körper, wirkt entkrampfend, stärkt Milz und Magen und hilft bei Gelenkbe-

* vgl. Ehlers, 2003, S. 16

schwerden. In der westlichen Medizin wird er eingesetzt bei Wechseljahrsbeschwerden und zur Vorbeugung von Arterienverkalkung und Tumorerkrankungen. Auch bei chronischen Magen-Darm-Erkrankungen und zur unterstützenden Behandlung von Hepatitis ist der Austernpilz hilfreich.

Ähnlich dem Shiitake-Pilz ist er reich an B-Vitaminen und Vitamin D, Kalzium, Phosphor und Eisen und enthält alle acht essenziellen Aminosäuren. Er ist ein schmackhafter Eiweißlieferant und daher ein wertvoller Bestandteil vor allem der vegetarischen Küche.

Heilen mit dem Austernpilz

Austernpilz-Salat gegen hohen Blutdruck

500 g Austernpilze · Salz · Sesamöl

Die Pilze werden gewaschen und die harten Enden der Stile entfernt. Dann schneidet man sie in feine Streifen, die in kochendem Wasser blanchiert werden. Mit dem Schaumlöffel herausnehmen, kalt abbrausen und vorsichtig ausdrücken. Auf einem Teller anrichten und mit Salz und Sesamöl anmachen. Die Tagesdosis auf mehrere Mahlzeiten verteilt essen.

Eine langfristige Einnahme senkt den Blutdruck.

Süße Austernpilze bei Wechseljahrsbeschwerden

500 g Austernpilze · 100 g rote Jujuba-Datteln (getrocknet im Chinaladen erhältlich) · 100 g Zucker · 150 ml Milch

Die Pilze waschen, die harten Enden der Stiele entfernen und in Stücke von der Größe von Dominosteinen schneiden. Anschließend blanchieren, abschrecken und vorsichtig ausdrücken. Milch und die gewaschenen Datteln in einen Topf geben, die Austernpilze hinzufügen. Alles ca. eine halbe Stunde lang köcheln lassen, bis die Datteln weich sind. Dann den Zucker einrühren.

Austernpilze stabilisieren das vegetative Nervensystem. Sie werden deshalb unterstützend bei unterschiedlichen Wechseljahrsbeschwerden eingesetzt. Aus Sicht der TCM nährt dieses Rezept das Blut und stärkt die Milz.

Austernpilze mit Tofu gegen Arterienverkalkung

200 g Austernpilze · 300 g Tofu (etwa ein halbes Stück) · Salz · 2 EL Sojasoße · 2 EL Reiswein oder Sherry · Sesamöl

Die Austernpilze waschen, die harten Enden der Stiele entfernen und in kleine Stücke reißen. Den Tofu im Ganzen in kochendem Wasser blanchieren, herausnehmen, abtropfen lassen und in kleine Würfel schneiden. Austernpilze, Tofu, Salz, Reiswein und Sojasoße in einen Topf geben und mit Wasser bedecken. Etwa zwanzig Minuten bei geschlossenem Deckel kochen lassen. Mit Sesamöl beträufeln und servieren.

Dieses Gericht senkt Blutdruck und Blutfettwerte und macht die Arterien geschmeidig.

Abnehmen mit Austernpilzsalat

300 g Austernpilze · 250 g Gärtnergurke · Chiliöl · Zucker · Reisessig · Sojasoße · Sesamöl · geröstete Sesamkörner · Hühnerbrühe · Ingwer · Frühlingszwiebel · Knoblauch

Die Austernpilze waschen und die harten Enden der Stiele abschneiden. In ausreichend Hühnerbrühe gar kochen, herausnehmen und vorsichtig ausdrücken (die Brühe kann anderweitig noch verwendet werden). Die Austernpilze in Streifen schneiden. Die Gurken schälen, die Enden kappen, die Samen auskratzen (nur sofern sie schon größer sind) und ebenfalls in Streifen schneiden. Die Gurken auf einem

Teller anrichten, die Austernpilze darauf legen. Lauchzwiebeln, Ingwer und Knoblauch fein hacken und in eine Schale geben. Sojasoße, Salz, Zucker, Essig, Chiliöl und Sesamöl zugeben und alles glatt rühren. Die Soße über die Pilzstreifen gießen. Jetzt die Sesamkörner, die zuvor in der Pfanne kurz angeröstet wurden, darüberstreuen. Vor dem Essen gut durchmischen.

Dieses Gericht ist kalorienarm und nährstoffreich zugleich. Außerdem macht es einen schönen Teint.

Der Mu-er-Pilz

Auricularia auricula, auch Polytricha

Ein weiterer für die chinesische Küche unverzichtbarer Baumpilz ist das Holz- oder Wolkenohr (*mu'er* oder *yun'er*). Die 3 bis 8 cm breiten, rotbraunen und ohrenförmig hochgezogenen Pilze von gallertartiger Konsistenz werden in China bereits seit Jahrhunderten kultiviert. Ein landwirtschaftliches Lexikon erwähnt sie schon im 6. Jahrhundert. Sie wachsen auf den Rinden verschiedener Laubbäume (Weide, Maulbeere), deren Stämme aufgeschichtet und regelmäßig mit Reiswaschwasser begossen werden. Im darauffolgenden Frühjahr beginnen die Pilze zu wachsen und können im Herbst geerntet werden. Bei uns ist der Pilz auch als Judasohr bekannt. Dieser Name geht auf eine Legende zurück, nach der an dem Holunderbusch, an dem sich der Jünger Judas erhängte, solche ohrmuschelförmigen Baumpilze wuchsen.

Die schwärzlich braunen Trockenpilze werden in Chinaläden angeboten. Dort sind sie manchmal fälschlicherweise als »schwarzer Champignon« oder »schwarze Morcheln« etikettiert. Sie müssen vor der Zubereitung immer gut abgespült und eine Zeit lang (ca. 1 Stunde) eingeweicht werden. Vorsicht: Die Pilze vergrößern dabei stark ihr Volumen.

Der getrocknete Pilz ist reich an Proteinen, Vitamin B_1, B_2, C sowie Karotin, außerdem enthält er Phosphor, Eisen, Kalzium, Kalium und Gallertstoffe. In der chinesischen Medizin wird er wegen seiner positiven Wirkung auf die Fließeigenschaft des Blutes und auf die Gefäße geschätzt. Er wird angewandt bei Hämorrhoiden, unregelmäßigen Blutungen der Frau und bei Schwäche nach überstandener Krankheit. Neuere medizinische Forschungen haben ergeben, dass die Wirkstoffe des Mu-er-Pilzes blutverdünnend wirken und das Thromboserisiko senken. Es konnte nachgewiesen werden, dass in Gegenden Ostasiens, wo der Mu-er-Pilz regelmäßig verzehrt wird, die Thrombose- und Infarkthäufigkeit markant unter der anderer Gegenden liegt. Er ist daher allen zu empfehlen, die unter zu hohem Cholesterinspiegel und Gefäßerkrankungen leiden oder diesen vorbeugen wollen.

Seine Gallertstoffe dienen der Reinigung der Verdauungsorgane, weshalb Mu-er-Pilze in China vor allem Angehörigen besonders »staubiger« Berufe verabreicht werden, Angestellten der Textil- und Lebensmittelindustrie sowie Bergarbeitern. Ferner wird diesen kleinen Wunderohren auch kosmetische Wirkung zugeschrieben. Sie straffen und pflegen die Haut von innen.

Mu-er-Pilze haben einen sehr feinen, unaufdringlichen Geschmack, sind gut zu lagern und leicht zuzubereiten. Um in den Genuss ihrer heilkräftigen Inhaltsstoffe zu kommen, muss man nicht unbedingt ein Chinamenü kochen. Der unauffällige Pilz kann ohne weiteres auch westlichen Gemüsesuppen oder Salaten beigefügt werden. Man wäscht die getrockneten Pilze, weicht sie kurz ein, überbrüht sie oder kocht sie kurz mit. Auf diese Weise können sie auch einheimische Speisen mit ihrer Heilwirkung bereichern.

Vorsicht: In China heißt es, dass Menschen mit chronischem dünnen und formlosen Stuhlgang keine Mu-er-Pilze essen sollen. Auch wer eine Neigung zu Nasenbluten hat, sollte wegen der blutverdünnenden Wirkung nicht zu viel davon essen. Schwangere dürfen ebenfalls nicht zu viel davon essen. Eine Tagesdosis sollte keinesfalls mehr als 50 g eingeweichte Pilze überschreiten. Diese Menge deckt übrigens bereits den Tagesbedarf an Magnesium, was für Menschen bedeutsam ist, die häufig an Wadenkrämpfen leiden.

Heilen mit dem Mu-er-Pilz

Süße Suppe bei starker Menstruationsblutung und Blutarmut

25 getrocknete Jujuba-Datteln · 50 g eingeweichte Mu-er-Pilze · etwas Zucker

Die Zutaten in einen Topf geben, mit Wasser (ca. 1/2 Liter) bei geschlossenem Deckel kochen, bis die Datteln weich sind.

Mu-er mit schwarzem Sesam gegen Verstopfung und Schwäche im Alter

Schwarze Sesamkörner · Mu-er-Pilze

Die Mu-er-Pilze waschen und abtrocknen. Zu gleichen Teilen die Pilze und schwarze Sesamkörner getrennt in einer Pfanne anrösten, bis man sie zerbröseln kann. Die Pilze im Mörser zerkleinern und mit dem Sesam vermischen. In einem Schraubglas kühl lagern und pro Anwendung 1 TL von dem Pulver mit 1 Tasse kochendem Wasser überbrühen und wie Tee trinken.

Der Tee benetzt den Darm und hilft gegen Altersverstopfung.

Mu-er-Sud bei blutenden Hämorrhoiden

10 g getrocknete Mu-er-Pilze waschen und dann in einem Becher Wasser (ca. 1/4 l) weich kochen. Den Sud trinken und die Pilze essen. Bei mehrmaliger Anwendung ist dieses Rezept eine wirksame Hilfe bei Hämorrhoiden.

Mu-er-Pilze mit Tofu gegen Bluthochdruck und Arterienverkalkung

50 g eingeweichte schwarze Mu-er-Pilze · 1/2 Stück Tofu (ca. 200 g) · 1 EL feine Ingwerstreifen · 1 EL gehackte Frühlingszwiebeln · 2 EL Speiseöl · etwas Salz · 1 TL Stärkemehl · Chiliöl nach Belieben

Die Pilze waschen, den Tofu in kleine Würfel schneiden und beides bereitstellen. Die Frühlingszwiebeln und Ingwerstreifen in heißem Öl anbraten, bis es duftet, dann die Pilze zugeben und kurz pfannenrühren. Den Tofu zugeben und wieder pfannenrühren. Mit etwas Wasser angießen und bei starker Hitze noch einmal aufkochen, dann mit Salz abschmecken und mit dem angerührten Stärkemehl etwas andicken. Anschließend mit Chiliöl beträufeln.

Senkt den Blutdruck und die Blutfettwerte, macht die Arterien geschmeidig.

Mu-er- und Shiitake-Pilze gegen Bluthochdruck und Arterienverkalkung

25 g getrocknete Mu-er-Pilze · 8 mittelgroße getrocknete Shiitake-Pilze · 1 Frühlingszwiebel (in 3 cm lange Stücke geschnitten) · 3 frische Ingwerscheiben · 2 EL Reiswein oder Sherry · 1 TL Salz · Pfeffer · 1/2 l Hühnerbrühe · Sesamöl

Die Pilze kurz waschen und jede Sorte für sich einweichen; das Einweichwasser der Shiitake-Pilze zur Weiterverwendung bereitstellen. Die Pilze zusammen mit Ingwer, Frühlingszwiebeln, Reiswein und Salz in einen Topf geben, das Pilzwasser und die Hühnerbrühe dazugießen. Bei starker Hitze aufkochen und bei kleiner Hitze 20 Minuten köcheln lassen. Ingwer und Frühlingszwiebeln wieder herausnehmen. Vor dem Servieren mit ein paar Spritzern Sesamöl beträufeln.

Für entsprechende Patienten ist diese schmackhafte Kombination aus cholesterinsenkenden Shiitake-Pilzen und blutverdünnenden Mu-er-Pilzen eine ideale Heilspeise.

Der Affenkopf oder Igelstachelbart

Hericium erinaceus

Der Affenkopfpilz (*houtou*) trägt diesen Namen, weil sein Fruchtkörper dem markant behaarten Kopf einer südchinesischen Affenart ähnelt. Er gehört wie der Shiitake zu den Weißfäulepilzen, der wie manche Bovist-Arten aus »Stacheln« oder »Bärten« besteht, und wächst auf dem abgestorbenen Holz bestimmter Laubbäume (Ulmen, Eichen, Buchen sowie der japanischen Walnuss). In China wurde er sowohl als Heil- wie als Speisepilz immer schon hoch geschätzt und den Kaisern anstelle von Gold als Tribut gegeben.

Insbesondere wegen seiner hohen Heilwirkung könnte er in Gold aufgewogen werden. Leider ist er hier kaum frisch erhältlich, obwohl in neueren Studien eine Methode erarbeitet wurde, wie der Affenkopfpilz auf einem Gemisch aus Buchen- und Eschensägemehl und Weizenkleie gezüchtet werden kann.*

* Verwiesen sei hier auf die Forschungen von Prof. Wilfried Hermann Schnitzler, Ordinarius für Gemüseanbau an der TU München in Freising-Weihenstephan, sowie die Doktorarbeit von Susanne Ehlers, in der die zellteilungshemmende bzw. antikarzinogene Wirkung gewisser Bestandteile des Pilzes untersucht wurden: Untersuchungen zum Anbau und zur pharmakologischen Wirkung des Speisepilzes *Hericium erinaceus*. München, Herbert Utz Verlag, 1999. Wer sich

Für die Trocknung ist der Affenkopfpilz nicht geeignet, da er dabei viele seiner wertvollen Inhaltsstoffe, darunter zahlreiche seiner insgesamt 32 (!) verschiedenen Aromastoffe, einbüßt. Man ist hier also bislang weitgehend auf die Einnahme von Presssafttabletten des *hericium* angewiesen. Doch auch der Shiitake erweitert ja erst seit kurzem unsere Palette an frischen Speisepilzen, und es steht zu hoffen, dass die dekorativen und heilkräftigen »Affenköpfe« bald auch im Angebot unserer Gemüse- und Naturkostläden auftauchen werden.

Neben seinem Vitaminreichtum enthält *hericium* eine Vielzahl von Biovitalstoffen (alle acht essenziellen, sowie weitere 19 Aminosäuren) und die Spurenelemente Zink, Eisen, Selen und Germanium. Er entfaltet seine Heilwirkung besonders bei Krebserkrankungen des Verdauungstrakts, bringt aber auch Magen- und Zwölffingerdarmgeschwüre zum Abheilen. Japanische Forscher haben im Affenkopfpilz überdies den Wirkstoff Erinacine entdeckt, der bei der Behandlung von Nervenerkrankungen und Alzheimer eingesetzt wird.

allgemeinverständlich über die Wirksamkeit des Affenkopfpilzes und anderer chinesischer Heil- und Speisepilze informieren will, dem sei ein weiteres Buch der Pilzexpertin Susanne Ehlers empfohlen: Chinesische Heilpilze. München, Ehrenwirth Verlag, 2003.

Pilzrezepte zur Unterstützung bei Krebstherapie

Klare Pilzsuppe

50 g eingeweichte Shiitake-Pilze · 1 TL feine Ingwerstreifen · 1 EL Frühlingszwiebeln, in feine Streifen geschnitten · 15 g Sesamöl · 1 Tasse Gemüsebrühe · Salz nach Belieben

Die Pilze waschen und beiseite stellen. Dann Frühlingszwiebeln und Ingwer in Sesamöl anbraten, bis es duftet, die Pilze dazugeben und pfannenrühren. Dann mit der Brühe angießen und bei starker Hitze aufwallen lassen. Mit Salz abschmecken.

Die Tagesdosis auf zwei Portionen verteilen. Die Suppe wirkt unterstützend bei der Therapie von Magenkrebs und Gebärmutterhalskrebs sowie anderen Krebsarten, vorzugsweise nach einer Operation zur Vorbeugung gegen Metastasenbildung.

Pilzsuppe mit Algen

300 g Austernpilze · 150 g eingeweichte Kunbu-Algen (unter den Bezeichnungen »haidai« oder »Braunalge« getrocknet im Chinaladen erhältlich) · 1 Frühlingszwiebel · 3 Scheiben Ingwer · 300 ml Hühnerbrühe · Sojasoße · Salz · Speiseöl · Sesamöl

Die Pilze waschen, die harten Enden der Stiele entfernen und in Streifen reißen. Die eingeweichten Algen abwaschen und in sehr feine Streifen schneiden. In einer Pfanne das Speiseöl erhitzen und die in 3–4 cm lange Stücke geschnittene Frühlingszwiebel zusammen mit den Ingwerscheiben anbraten, bis es duftet. Dann mit der Brühe aufgießen, Sojasoße und Salz, Austernpilze und Algen hinzugeben. Aufkochen und auf kleiner Hitze weiterköcheln, bis alles weich ist. Frühlingszwiebel und Ingwer herausnehmen und die Suppe mit Sesamöl besprenkelt servieren.

Zur Krebsprophylaxe und unterstützenden Therapie. Dieses Gericht entfernt Ablagerungen aus dem Körper und weicht Verhärtungen auf.

Huhn mit Affenkopfpilz

1 ganzes, frisches Huhn · 150 g eingeweichte Affenkopfpilze · 50 g Bambussprossen aus der Dose · 25 g grünes Blattgemüse (einige Salatblätter oder frischer Spinat) · 1 Scheibe gekochter Schinken · 1 El gehackter Koriander · Salz · Reiswein oder Sherry · 1 Frühlingszwiebel · 1 Stück Ingwer (etwa von der Größe einer Walnuss) · 1 Sternanis · 1/2 TL Fenchelsamen · 10 Samenkapseln des Szechuanpfeffers · Speiseöl

Das Huhn waschen und in Stücke von etwa 3 cm Kantenlänge hacken. (Es ist wichtig, dass die Knochen mitgekocht werden; Sie nehmen dazu am besten ein chinesisches Küchenbeil). Die Affenkopfpilze, die bereits eingeweicht wurden, abseihen und in Scheiben reißen. Schinken und Bambussprossen in feine Streifen schneiden. Die Gemüseblätter und die Frühlingszwiebel in ca. 3 cm lange Stücke schneiden. Das Ingwerstück waschen und mit einem Fleischklopfer oder der Fläche des Küchenbeils flach klopfen, damit er aufplatzt. Das Öl in der Pfanne erhitzen und die Frühlingszwiebel und den Ingwer darin anbraten, bis es duftet. Die Hühnerstücke dazugeben und pfannenrühren, bis sie halb gar sind (das Fleisch sollte an der Oberfläche die Farbe verändern). Mit ausreichend Wasser aufgießen. Pfeffer, Anis, Fenchel, Salz und Reiswein sowie die Pilze, den Schinken und die Bambussprossen zugeben. Auf kleiner Flamme weich kochen. Die Frühlingszwiebel, den Ingwer, den Sternanis, den Fenchel und, sofern möglich und gewünscht, den Szechuanpfeffer herausnehmen. Dann das Blattgemüse zugeben, kurz durchziehen lassen und mit frischem Koriandergrün garniert servieren.

Das Gericht dient, neben seiner krebshemmenden Wirkung, dem Aufbau des *qi* und wird auch bei Altersschwäche oder zur Stärkung nach langer Krankheit empfohlen.

Wachskürbissuppe mit Pilzen

150 g eingeweichte Shiitake-Pilze · 150 g frische Champignons ·

150 g Wachskürbis (chin. Wintermelone) oder weißer Rettich · 2 EL Ingwer- und Lauchstreifen · 20 g Sesamöl · etwas Salz

Die Pilze reinigen und in feine Scheiben schneiden, den Wachskürbis bzw. Rettich waschen, schälen, in kleine Würfel schneiden und beiseite stellen. Die fein geschnittenen Lauch- und Ingwerstreifen im heißen Sesamöl anbraten, bis es duftet (das Sesamöl darf nicht sehr heiß werden!). Die Pilze zugeben und kurz pfannenrühren. Mit etwas Wasser angießen und bei starker Hitze aufwallen lassen. Die Kürbis-/Rettichwürfel zugeben, nochmals aufkochen und mit Salz abschmecken.

Tagesdosis auf zwei Portionen verteilt als Gericht essen. Lindert Hitze und entgiftet, mildert die Therapiesymptome und wirkt stärkend. Besonders geeignet als Begleittherapie bei Chemo- und Strahlentherapie. Beugt Metastasenbildung vor und stärkt das Immunsystem.

Heilende Pilze lecker zubereitet

Buddhistische Pilzpfanne

Dieses Gericht ist eine beliebte Klosterspeise. Die sonst in fast allen chinesischen Gerichten enthaltenen Zutaten Ingwer, Knoblauch und Frühlingszwiebel werden von den Klosterinsassen wegen ihrer die Sinne erregenden Wirkung weggelassen. Diese Menge ist, in Verbindung mit zwei anderen Gerichten, ausreichend für vier Personen.

1 Hand voll schwarze Mu-er-Pilze (eingeweicht) · 1 Hand voll getrocknete Lilienblüten (eingeweicht) · 12 mittelgroße getrocknete Shiitake-Pilze (eingeweicht) · 100 g Bambussprossen aus der Dose · 20 Stück *youmianjin* (frittierte Mehlklößchen, die es im Chinaladen in der Dose gibt) · 3 EL Speiseöl · 1 1/2 TL Zucker · 3 EL Sojasoße · 2 TL Sesamöl · 1 Prise Salz

Die Mu-er-Pilze gründlich säubern (manchmal sind sie sandig) und ausdrücken, ebenso die Lilienblüten und Shiitake-Pilze. Das Einweichwasser zur weiteren Verwendung beiseite stellen. Den Bambus, sofern nicht schon erfolgt, in dünne Scheiben schneiden. 1 EL Öl in der Pfanne erhitzen. Die Mu-er-Pilze und Lilienblüten kurz darin anbraten, wieder herausnehmen und in einem Teller bereitstellen. Das restliche Öl in die Pfanne geben und erhitzen, darin die Shiitake-Pilze und Bambusscheiben kurz braten, dann Mu-er-Pilze und Lilienblüten sowie die *youmianjin* hinzugeben. Mit dem Pilzwasser angießen. Mit Salz, Zucker und Sojasoße würzen. Bei schwacher Hitze 10 bis 15 Minuten bei halb geschlossenem Deckel köcheln lassen, bis die meiste Flüssigkeit verdampft ist. Auf einem Teller anrichten und mit Sesamöl besprenkelt servieren.

Wer nicht auf Enthaltsamkeit bedacht ist, kann dieses Gericht, wie sonst üblich, mit Ingwer und Frühlingszwiebel verfeinern. Es schmeckt auch kalt oder als Beilage sehr gut.

Shiitake-Pilze mit Tofu in milder Soße

10 mittelgroße Shiitake-Pilze (zuvor einige Stunden in kaltem Wasser einweichen) · 300 g Tofu · 3 EL Speiseöl · 1 TL Salz · 1 TL Zucker · 2 EL Sojasoße · 2 EL Reiswein oder Sherry · 1/2 TL Sesamöl · 2 gestrichene TL Maisstärke · 1 EL fein gehackter Lauch oder Frühlingszwiebel

Die eingeweichten Pilze vorsichtig ausdrücken und die harten Stiele entfernen; größere Exemplare halbieren und das Einweichwasser beiseite stellen. Den Tofu in 1 cm dicke Scheiben schneiden und halbieren, sodass die Stücke der Größe der Pilze entsprechen. Das Öl in der Pfanne erhitzen und die Pilzhälften kurz anbraten. Das Pilzwasser (ca. 150 ml) angießen und aufkochen lassen. Die Tofuscheiben dazugeben, mit Salz, Zucker, Reiswein und Sojasoße würzen. Vorsichtig wenden, sodass alles gut mit Soße bedeckt ist, und etwa 5 Minuten bei schwacher Hitze köcheln lassen. Sesamöl und Lauchzwiebeln hinzugeben. Die Maisstärke mit etwas Wasser anrühren, über das Gericht geben und rasch unterrühren, damit die Soße nicht klumpt. Auf einem Teller angerichtet heiß servieren.

Austern- und Mu-er-Pilze mit Garnelen

1 Hand voll Mu-er-Pilze (eingeweicht) · 100 g geschälte Garnelen · 150 g Austernpilze · 1 Frühlingszwiebel · Salz · 3 EL Speiseöl · 2 EL Reiswein oder Sherry · 150 ml Hühnerbrühe · 1 TL Speisestärke

Die eingeweichten Mu-er-Pilze säubern, die Austernpilze waschen und kurz blanchieren. Die Frühlingszwiebeln in Streifen schneiden. Öl in der Pfanne erhitzen und die Garnelen bei starker Hitze anbraten, beide Pilzsorten hinzugeben und weiterbraten. Salz, Reiswein und Brühe dazugeben und alles zum Kochen bringen. Nachdem die Flüssigkeit etwas reduziert ist, die Soße mit der in kaltem Wasser angerührten Maisstärke andicken.

Mu-er mit Schweinefleisch und Lilienblüten – muxu rou

200 g mageres Schweinefleisch (Halsgrat oder Schnitzel) · 1 Hand voll eingeweichte Mu-er-Pilze · 25 g eingeweichte Lilienblüten (Einweichwasser nicht wegschütten; eventuell harte Stiele entfernen) · 3–4 Eier · 2 EL Sojasoße · 2 EL Reiswein oder Sherry · 6 EL Speiseöl · Sesamöl · Salz · 1 TL Maisstärke · 1 Frühlingszwiebel (wie Schnittlauch geschnitten) · 1 EL fein gehackter Ingwer

Das Schweinefleisch in 5 cm lange, schmale Streifen schneiden und mit je 1 EL Sojasoße, Reiswein und der Maisstärke kurz marinieren. Die Mu-er-Pilze zunächst waschen und einweichen (ca. 1/2 Std.), abgießen und die großen Stücke zerreißen. Die Eier in eine Schale geben und zusammen mit etwas Salz schlagen. Öl in einer Pfanne erhitzen, das Ei darin stocken und goldgelb werden lassen, danach mit der Backschaufel in kleine Stücke reißen. Aus der Pfanne nehmen und auf einem Teller bereitstellen. Nochmals Öl in die Pfanne geben, darin die Fleischscheiben kurz anbraten und wieder aus der Pfanne nehmen. In neuem Öl die Mu-er-Pilze kurz anbraten, bis sie knacken und hüpfen, dann die Lilienblüten dazugeben und mitbraten. Das Ei und die Fleischstreifen hinzugeben. Mit Sojasoße, Reiswein, Salz und einer Prise Zucker würzen. Da das Gericht saftig sein soll, eventuell etwas Lilienwasser angießen. Vor dem Servieren mit Sesamöl beträufeln.

Schnelle Nudeln mit Mu-er-Soße – dalu mian

ca. 2 Nester Nudeln pro Person aus dem Chinaladen (keine Glasnudeln!) · 50 g mageres Schweinefleisch · 1 Hand voll Mu-er-Pilze (zuvor waschen und einweichen) · 10–15 g getrocknete Lilienblüten (ebenfalls eingeweicht) · 1 EL Sojasoße · Salz · 1/2 l Wasser · Speiseöl · Sesamöl · 1 1/2 TL Maisstärke · 1 Frühlingszwiebel (in feinen Ringen) · 1 TL Ingwer (gehackt)

Das Schweinefleisch am Stück kurz in kochendem Wasser garen, herausnehmen und in streichholzdünne Streifen schneiden. In einer Pfanne mit etwas Speiseöl die Frühlingszwiebel und den Ingwer anbraten, bis es duftet. Mit der verbliebenen Fleischbrühe aufgießen und Sojasoße, Mu-er-Pilze, Lilienblüten und Salz hinzufügen. Dann die Fleischstreifen zugeben und alles eine Weile köcheln lassen. Inzwischen die Speisestärke mit etwas kaltem Wasser anrühren und das Ei schlagen. Die Soße mit der Stärke unter ständigem Rühren andicken, anschließend das Ei einrühren. Wenn der Eierflaum sich gebildet hat, den Topf von der Kochstelle nehmen. Mit Sesamöl beträufeln und großzügig über die Nudeln geben, die parallel zubereitet worden sind.

Dies ist ein typisch nordchinesisches Nudelgericht, das in den Gassen von Peking gekocht wird. Allerdings findet man solche Hausmannskost kaum auf den Speisekarten von Restaurants.

Ein weiteres Pilzrezept finden Sie auf S. 64 (Sauerscharfe Tofusuppe).

Der Raupenpilz oder die Puppenkernkeule

Cordyceps sinensis, auch *Cordiceps militaris*

Eine Kuriosität unter den chinesischen Pilzen ist der so genannte Raupenpilz. Er ist mittlerweile der höchstbezahlte Pilz der Welt, teurer noch als Trüffel, obwohl er gar nicht wie ein Pilz aussieht, sondern wie eine vertrocknete Raupe. Lange hat man nicht gewusst, zu welcher Kategorie man diesen sonderbaren Organismus zählen soll. Er wächst in den 5000 Meter hoch gelegenen Grassteppen des westchinesischen Hochlandes, in Szechuan und Tibet, und ist als Pilz nicht zu erkennen, weil er buchstäblich in die Gestalt seines Wirtstiers schlüpft. Sein chinesischer Name *dongchong xiacao*, »Winterraupe, Sommergras«, erzählt bereits einiges über seine Wandlungsfähigkeit.

Der Fungus dringt in die Raupe einer bestimmten Falterart, der frostresistenten Fledermausmotte, ein, die unter der Erdoberfläche überwintert. Das heranwachsende Myzel ernährt sich von der Raupe, tötet sie allmählich ab und wächst in deren Form hinein. Im Sommer schiebt sich der Fruchtkörper als dünner Stängel an die Oberfläche, über die er vier bis zehn Zentimeter hinausragt. Nur von geschulten Pilzsuchern werden diese grasartigen Auswüchse erspäht. Sie graben den raupenförmigen Pilz aus und bieten ihn getrocknet zum Kauf an. Er sieht einer Raupe zum Verwechseln ähnlich.

Der Pilz hat wenig Eigengeschmack und ist thermisch neutral. Er ist eines der wirksamsten Stärkungsmittel, das die TCM kennt, und wird eingesetzt bei Schwächezuständen jeglicher Art, besonders bei zehrenden Lungenerkrankungen und Nierenschwäche. Er gilt als Potenzmittel und wird mittlerweile auch in der Krebsbehandlung eingesetzt, da er Schutz gegen freie Radikale bietet und die Immunabwehr steigert. Der *cordyceps* hat ferner eine regulierende Wirkung auf das neuro-endokrine

System. Unter anderem wird diese Wirkung seinem hohen Tryptophan-Gehalt zugeschrieben, dem Vorläufer des ausgleichenden Neurotransmitters Serotonin. Ähnlich wie das Johanniskraut kann der *cordiceps* als Hemmer des Enzyms Monoaminoxidase (MAO) stimmungsaufhellend wirken.

Der Pilz wird Speisen zugesetzt, mit heißem Wasser als Tee aufgebrüht oder mit Schnaps versetzt. In Schnaps eingelegt können seine Wirkstoffe noch in einer Verdünnung von 1:100000 das Wachstum von Tuberkelbazillen hemmen. Neben den getrockneten Pilzen sind mittlerweile auch Extrakte im Handel.

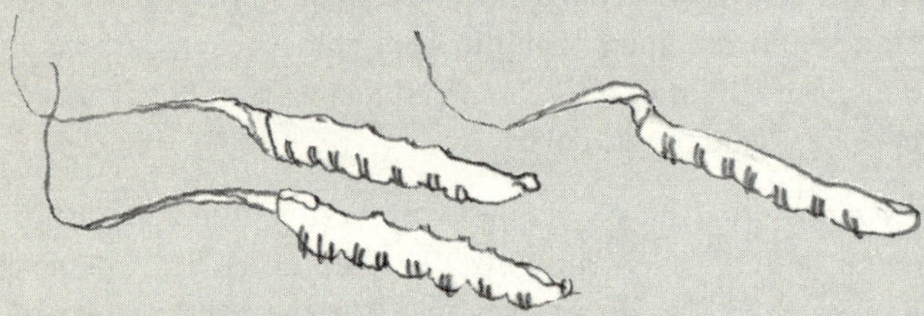

Sesam

Sesamum indicum

芝麻

Sesam *(zhima)* ist zweifellos eine der ältesten Ölpflanzen der Welt. Ob sie nun zuerst im Zweistromland kultiviert wurde oder ob man der chinesischen Legende glaubt, nach der Shen Nong, der Gott der Landwirtschaft, seinem Volk im 3. vorchristlichen Jahrtausend befahl, diese nützliche Pflanze anzubauen, bleibt ungewiss. Die bis zu zwei Meter hohe Staude, die weiße oder rötliche fingerhutartige Blüten trägt, bildet Kapselfrüchte, in denen die kleinen Samenkörner reifen. Wenn man in China zum Ausdruck bringen will, dass sich etwas aus spärlichen Anfängen gut und rasch entwickelt, so vergleicht man es mit einer blühenden Sesamstaude *(zhima kaihua jiejie gao)*. Gleichzeitig zählt der Sesam zu den sprichwörtlichen »Kleinigkeiten«: Mit *zhima lüdou*, also »Sesam und Mungobohnen«, bezeichnet man Lappalien; sie sind die chinesischen »peanuts«. Dennoch haben es diese winzigen Samenkörner in sich.

Die Samen kommen in den Farben schwarz und goldgelb vor. Die hellen werden vorwiegend für Speisezwecke verwendet, die schwarzen zur medizinischen und kosmetischen Anwendung. In der chinesischen Küche werden sie als geröstete Samen, als Öl oder als Paste eingesetzt.

Die ölhaltigen Samen enthalten 40 Prozent ungesättigte Fettsäuren und 45 Prozent zweifach ungesättigte Linolsäure; sie können daher zu einem hochwertigen Speiseöl verarbeitet werden (am besten sind kalte Pressungen). Die Samen werden allerdings zuvor angeröstet, da sich erst bei der Röstung die charakteristischen Aromastoffe bilden. Ferner sind die Samen reich an Kalzium (günstig bei Osteoporose), Kalium, Eisen,

Phosphor, Eiweiß, Lezithin sowie B-Vitaminen (u.a. Niacin) und Vitamin E. Letzteres kann die Zellalterung verlangsamen.

Sesam gilt als konzentrierter Energiespender. Besonders zu empfehlen ist hier das in Chinaläden erhältliche Sesamkrokant, das bei Bergtouren oder als Zwischenmahlzeit in Schule und Büro gute Dienste leistet. Man kann gerösteten Sesam auch täglich über das Müsli oder über Salate und Gemüse streuen. (Eine Portion gerösteter Sesam kann in einem Schraubglas im Kühlschrank gut aufbewahrt werden. Vorsicht beim Rösten: Die Pfanne muss trocken und nicht zu heiß sein, die Körner müssen ständig bewegt werden, sonst brennen sie an.)

In der chinesischen Medizin kommt vor allem der schwarze Sesam zum Einsatz. Seine thermische Qualität ist neutral, was eine gute Verträglichkeit garantiert. Er dient dem Nähren und Stärken und wird daher eingesetzt bei Körperschwäche sowie nach Krankheit und Geburt; er dient der Milchbildung und hilft bei Blutarmut. Auch bei Verstopfung zeigt er benetzende, positive Wirkung und macht den Darm durch seine Schleimstoffe gleitfähig. Inzwischen wird Sesam sogar bei Tinnitus empfohlen.

Die moderne medizinische Forschung weist Sesam als Nervennahrung aus, die bei Nervenentzündung und Taubheitsgefühl der äußeren Extremitäten unterstützend wirken kann. Außerdem beugt er hohem Blutdruck und Arterienverkalkung vor. Für diese pharmazeutischen Zwecke werden auch die Blätter, Blüten, Wurzeln und Kapselhülsen der Staude verwendet.

Heilen mit Sesam

Sesam bei unterschiedlichen Beschwerden

Sesam gegen trockenen Husten

120 g helle Sesamkörner · 30 g weißer Kandiszucker

Alles im Mörser zerkleinern und von dieser Mischung jeweils 15–30 g mit heißem Wasser aufgießen und täglich zweimal trinken.

Schwarzer Sesam gegen Verstopfung

30 g schwarzer Sesam · 30 g Walnusskerne

Die Kerne im Mörser oder in einer Haushaltsmaschine mitsamt dem Sesam zerkleinern, in einen Becher geben und mit heißem Wasser aufgießen. Dieses Rezept bringt schnelle Abhilfe bei Verstopfung und trockenem, hartem Stuhl.

Sesam zur Anregung des Milchflusses

250 g helle Sesamkörner in einer Pfanne bei kleiner Hitze trocken anrösten, dabei ständig rühren, bis sie knistern und duften. Leicht salzen und im Mörser oder einer Haushaltsmaschine zerkleinern. Jeden Morgen auf leeren Magen 2 EL davon essen.

Sesamtee zur Stärkung und gegen frühzeitiges Ergrauen

50 g schwarze Sesamkörner · Salz · schwarzer Tee

Die Tagesdosis Sesam in einer Pfanne trocken bei niedriger Temperatur rösten, bis die Körner knistern und duften. Anschließend im Mörser oder in einer Haushaltsmaschine zerkleinern und leicht salzen. Je die Hälfte der Menge mit frisch gebrühtem schwarzem Tee übergießen und zweimal täglich trinken.

Benetzt den Darm, beugt frühzeitigem Ergrauen vor und wirkt unterstützend bei Blutarmut, Tinnitus und Drehschwindel.

Sesam für Haut und Haare

Da alle Chinesen schwarze Haare haben, ist der Übergang zum Altersgrau besonders sichtbar. Immer schon hat man versucht, diesen natürlichen Prozess aufzuhalten. Wer durch Krankheit, Schock oder Mangelerscheinungen vorzeitig ergraut, kann diesen Vorgang sogar wieder rückgängig machen. Daher gibt es in China eine Vielzahl von Rezepten, in denen der schwarze Sesam eine wichtige Rolle spielt. Außerdem wird schwarzes Haar mit Jugend und Vitalität in Verbindung gebracht, weshalb man unter Führungskräften kaum einen Graukopf finden wird. Dieser Effekt wird allerdings auch in China nicht immer durch die sanften Methoden der TCM erzielt.

Sesam-Walnusskrokant gegen frühzeitiges Ergrauen – zhima hetao tang

250 g schwarzer Sesam · 250 g Walnusskerne · 500 g brauner Zucker

Den schwarzen Sesam und die leicht zerstoßenen Walnüsse in einer Pfanne (am besten teflonbeschichtet, damit kein Fett nötig ist) anrösten, bis sie duften, dann beiseite stellen. Den braunen Zucker in einen Topf geben und mit etwas Wasser zu einem zähen Sirup kochen. Die gerösteten Samen und Nüsse in den flüssigen Zuckersirup einrühren. Anschließend auf ein gefettetes Backblech gießen und so lange abkühlen lassen, bis die Masse schneidfähig ist. Zuerst in lange Streifen und dann in kleine Quadrate schneiden, die nach Belieben gegessen und auch längere Zeit aufbewahrt werden können.

Reisbrei mit Sesam gegen vorzeitiges Ergrauen – hei zhima geng

25 g schwarzer Sesam · 50 g Reis (am besten eine weiße Sorte aus dem Chinaladen oder Milchreis; keinesfalls die amerikanischen »parboiled«-Sorten oder ungeschälten Reis verwenden)

Den Reis kurz waschen und zusammen mit ausreichend Wasser und dem Sesam in einen Topf geben. Auf eine halbe Schale Reis kommen etwa zwei Schalen Wasser. Einmal aufkochen und dann bei mäßiger Hitze zu einem wässrigen Brei kochen. Für den westlichen Geschmack empfiehlt sich die Zugabe von etwas Zucker.

Dieses Mittel soll bei häufiger Einnahme graue Haare wieder dunkel machen und frühem Ergrauen vorbeugen.

Stärkende Sesam-Chrysanthemen-Suppe gegen frühzeitiges Ergrauen

15 g schwarzer Sesam · 15 g Knöterichwurzel · 15 g getrocknete Chrysanthemenblüten (im Chinaladen oder in der Apotheke) · Kandiszucker nach Belieben

Die drei Zutaten mit einer ausreichenden Menge Wasser 20 Minuten kochen, dann abseihen. Die Suppe mit Kandiszucker süßen. Täglich einmal diese Portion trinken.

Stärkt den Funktionskreis von Niere und Leber, zu dem auch die Versorgung der Haare gehört. Daher kann diese Suppe bei frühzeitigem Ergrauen Abhilfe schaffen oder ihm vorbeugen.

(Siehe auch Rezept »Sesamtee«, S. 175)

Süße Suppe für glänzendes, geschmeidiges und volles Haar – heidou qizi gao

Die allgemeine Beschaffenheit der Haare kann durch folgendes Gericht positiv beeinflusst werden. Auch hier steht die Stärkung der

Niere im Vordergrund, denn brüchiges, sprödes und glanzloses Haar ist ein Zeichen für mangelndes Nieren-*qi*.

30 g Schwarze Bohnen (getrocknet im Chinaladen erhältlich) · 30 g Sesam · 12 g Bocksdornbeeren (im Chinaladen oder in der Apotheke) · 20 g weißer Zucker

Die Bohnen und die Bocksdornbeeren waschen. Dann alle Zutaten eine halbe Stunde lang in Wasser kochen, bis ca. 1/4 l Flüssigkeit übrig bleibt. Nicht abseihen und täglich einmal über einen Zeitraum von zwei Monaten zu sich nehmen.

Sesamhonig gegen Haarausfall

250 g schwarze Sesamkörner · 250 g Knöterichwurzel (getrocknet in Apotheken oder Asienläden) · Honig

Die Knöterichwurzel *(radix polygonium multiflorum)* ist ein altes chinesisches Haarmittel, worauf bereits die Bezeichnung »Schwarz-Kopf« *(he shou wu)* hinweist.

Die Sesamkörner zerstampfen. Die Knöterichwurzel muss zunächst eingeweicht werden, da sie sehr hart ist. Man verwendet zum Zerkleinern am besten einen Mixer oder Mörser. Dann werden die beiden Zutaten mit Honig zu einer sämigen Paste verrührt, die man im Kühlschrank aufbewahren sollte. Man isst davon dreimal täglich einen Teelöffel, und zwar über einen Zeitraum von drei Monaten.

Fruchtsalat gegen Blässe

1 Tomate · 1 mittelgroßer Apfel · 2 EL weißer Sesam · etwas Honig

Die Tomate waschen und in kleine Würfel schneiden. Den Apfel waschen, schälen und ebenfalls in kleine Würfel schneiden. Beides in einer Schale mit dem Honig anrichten. Dann die Sesamkörner in trockener Pfanne rösten, bis es duftet. Man kann sich auch gleich eine größere Menge rösten und diese in einem Schraubglas im

Kühlschrank aufbewahren. Den Sesam über das Obst streuen und täglich einmal über mehrere Tage essen.
Diese Mischung verbessert das Blut und wirkt bei Blässe infolge von Blutarmut.

Grüner Tee und Sesam gegen trockene Haut

1 EL weißer Sesam · grüner Tee (Blätter ausreichend für einen Becher)

Die Sesamkörner in trockener Pfanne rösten (siehe oben). Den grünen Tee wie gewohnt aufbrühen. Dann den Sesam zusammen mit einigen der Teeblätter kauen. Mit Tee nachspülen. Es empfiehlt sich, zarte Teeblätter wie etwa Drachenbrunnentee oder Teespitzen zu verwenden, die beim Kauen einen angenehm duftigen Geschmack entfalten; großblättrige Sorten wie z. B. Oolong eignen sich hierfür nicht.

Diese Mischung stärkt den Funktionskreis der Milz und benetzt die Haut von innen.

Sesam-Walnuss-Paste gegen raue und rissige Hände

15 g weißer Sesam · 30 g Walnusskerne · 20 g Honig

Sesam und Walnusskerne getrennt in der trockenen Pfanne rösten, bis es duftet. Beides in der Küchenmaschine fein mahlen und mit dem Honig zu einer Paste anrühren. Die Hände, die vorher mit lauwarmem Wasser gewaschen wurden, täglich einmal damit bestreichen und eine Zeitlang einwirken lassen. Danach mit Wasser abwaschen.

Genießen mit Sesam

Sesamöl – das duftende Würzmittel

Sesamöl *(xiangyou)* wird aus den hellen angerösteten Sesamkörnern hergestellt. Es ist in Chinaläden und Naturkostläden in unterschiedlichen Qualitäten erhältlich. Zu bevorzugen ist eine schonende Kaltpressung. Man sollte sich Sesamöl nur in kleinen Mengen kaufen, da es vorwiegend als Würzmittel in kleinen Mengen eingesetzt wird und durch die Lagerung (kühl und dunkel) an Aroma verliert oder ranzig wird.

Aus den Rezepten dieses Buches wird ersichtlich, dass Sesamöl in der chinesischen Küche nicht zum Kochen und Braten, sondern zum Aromatisieren und Verfeinern der Speisen verwendet wird. Kaum ein Rezept kommt ohne ein paar Spritzer dieses köstlichen Aromastoffs aus. Es heißt deshalb auch Duftöl *(xiangyou)*. Sesamöl darf nie stark erhitzt werden, da es leicht verbrennt. In der Regel wird es vor dem Servieren tropfenweise auf die fertigen Gerichte, Suppen oder Salate gegeben. Auch die Füllungen von Teigtäschchen werden damit aromatisiert. Sein zarter, nussiger Duft rundet den Geschmack ab.

Sesampaste – zhima jiang

Die chinesische Sesampaste wird aus gerösteten, gemahlenen hellen Sesamkörnern hergestellt und in Gläsern verkauft. Dort setzt sich dann das Öl oben ab, unten bleibt eine ziemlich harte braune Masse. Man muss die Paste vor dem Gebrauch kräftig durchrühren, um sie wieder geschmeidig zu machen. Vor dem Verarbeiten hilft eventuell ein Schuss warmes Wasser.

Leider ist diese Delikatesse im Westen so gut wie nicht

erhältlich. Auch Chinaläden führen hier meist nur die türkische Sesampaste »Tahini« oder »Tahin«, die allerdings ohne vorheriges Rösten gepresst wird und daher weniger aromatisch ist. Dies gilt auch für die Produkte aus dem Naturkostladen. Dennoch sind sie ein brauchbarer Ersatz. Viele hier lebende Chinesen behelfen sich auch mit salziger Erdnussbutter, die – mit etwas Wasser verrührt – zum Beispiel Hauptbestandteil des Dips beim chinesischen Feuertopf sein kann.

Kalte Nudeln mit Sesamsoße – liang mian

Pro Person ca. 100 g chinesische Nudeln (keine Glasnudeln)

Soße für 3 Personen:
3 Knoblauchzehen · 2 EL Sesampaste, ersatzweise salzige Erdnussbutter · 1 EL warmes Wasser · Salz · 1 EL Zucker · 1 EL Sojasoße · 1 TL dunkler Reisessig · scharfe Chilipaste nach Belieben

Die Knoblauchzehen schälen und auspressen, dann mit allen Zutaten zu einer glatten Soße verrühren und über die gekochten, abgekühlten Nudeln geben.

Noch feiner schmeckt dieses leichte Sommergericht, wenn man unter die Nudeln folgende Zutaten mischt:
- 1 Stück weißes, gegartes Hühnerfleisch, das man mit der Hand in feine Streifen reißt
- 1 kleine Karotte, in sehr feine Streifen geschnitten
- 1 kleine Gärtnergurke (oder Teil einer Salatgurke), ebenfalls in sehr feine Streifen geschnitten.

Auberginensalat mit Sesamsoße – zhimajiang ban qiezi

1 Aubergine · 3–4 Knoblauchzehen · 2 EL Sesampaste, ersatzweise salzige Erdnussbutter · 1 EL warmes Wasser · Salz · 1 EL dunkler Reisessig

Die Aubergine waschen und der Länge nach in ca. 2 cm dicke Streifen schneiden, die dann noch einmal ebenfalls der Länge nach halbiert werden. Die Streifen in einen tiefen Teller oder eine Schale geben und diese im Wasserbad bei geschlossenem Deckel so lange dämpfen, bis sie ganz weich sind. Dann abkühlen lassen.

Für die Soße zunächst den Knoblauch schälen und auspressen, anschließend mit den übrigen Zutaten zu einer glatten Soße verrühren, auf die abgekühlten Auberginen geben und gut vermischen.

Als appetitanregende Vorspeise oder Beilage besonders für die heiße Jahreszeit geeignet.

Kalter Sesamspinat – zhima bocai

für einen Portionsteller: 300 g frischer Blattspinat · 1 Karotte · 2–3 EL gerösteter, heller Sesam · Salz · Zucker · Sojasoße · Sesamöl

Die Karotte waschen, schälen und in ganz feine Streifen schneiden, anschließend kurz blanchieren. Den Spinat waschen, von Wurzeln und groben Stielen befreien und ebenfalls blanchieren. Beide Gemüse mit kaltem Wasser abschrecken und den Spinat vorsichtig ausdrücken. Beides auf einem Teller vermischt anrichten. Zucker, Salz, Sojasoße und einige Spritzer Sesamöl zu einer Soße verrühren und über das Gemüse geben. Abschließend mit gerösteten Sesamkörnern bestreuen.

Schweinefilet mit Sesamkruste – zhima liji

etwa 250 g Schweinefilet · schwarze und weiße Sesamkörner · 1 Ei · 1 gehäufter TL Maisstärke · Salz · weißer Pfeffer · 1 EL Reiswein oder Sherry · Speiseöl

Das Filet in gut 1 cm dicke Medaillons schneiden und mit dem Fleischklopfer vorsichtig klopfen. Das Ei verquirlen und mit Reiswein, Maisstärke, Salz und Pfeffer vermischen. Das Fleisch 10 Minuten darin marinieren. In je einem Teller die weißen und schwarzen Sesamkörner bereitstellen. Ausreichend Öl in einer Pfanne erhitzen, dann die Medaillons auf einer Seite in weißem, auf der anderen Seite in schwarzem Sesam wälzen und die Körnchen noch einmal festdrücken. In heißem, nicht rauchendem Öl auf beiden Seiten vorsichtig ausbacken. Auf Salatblättern anrichten und heiß servieren.

Pfannkuchen mit Sesamcremefüllung – zhima guobing

Stellen Sie aus 100 g Weizenmehl, einem Ei, ca. 120 ml Wasser und einer Prise Salz einen Pfannkuchenteig her. Eine große Pfanne erhitzen, etwas Öl hineingeben und einen großen Pfannkuchen backen, dabei einige Löffel Teig zurückbehalten. Sobald der Teig in der Pfanne zu stocken beginnt, bestreicht man eine rechteckige Fläche in der Mitte mit Sesamcreme. Dann klappt man zunächst die kurzen, dann die langen Seiten nach innen, sodass die Creme bedeckt ist. Den restlichen Teig auf die Nahtstelle geben, um das Päckchen zu verschließen. Dann das Ganze mit einer Backschaufel umdrehen und auf der Oberseite braten. Ist das Päckchen beidseitig goldbraun, so nimmt man es aus der Pfanne, schneidet es einmal längs und vier- bis fünfmal quer, sodass kleine Rechtecke entstehen. Diese werden mit angerösteten hellen Sesamkörnern bestreut und warm serviert.

Statt der Sesamcreme kann man den Pfannkuchen auch mit süßer roter Bohnenpaste (fertig in Dosen im Asienladen erhältlich) oder auch mit gesüßtem Maronenmus füllen.

八寶食齋

Anhang

Quellenverzeichnis

Bei Wei (u.a.): *Shenqi de yaoyong zhiwu luhui* [Aloe, die wunderbare Heilpflanze]. Guangzhou, 2. Aufl. 1998.

Beijing Wanbao (Hrsg.): *Jia chang cai* [Hausmannskost. Gesammelte Kolumnen aus der Pekinger Abendzeitung]. Shenyang 1982.

Cao Yali: *Doulei shipu* [Bohnenrezepte]. Guangzhou 2001.

Chen Yaoju: *Cong jiang de shenqi miaoyong* [Die wunderbare Heilkraft von Lauch und Ingwer]. Shanghai 2001.

Dong Jianshen/Zhang Xiying (Hrsg.): *Jiating baiwu miaoyong* [100 Praktische Haushaltstipps]. Nanjing 2003.

Ehlers, Susanne: *Chinesische Heilpilze.* Bergisch Gladbach 2003.

Gao Longxin: *Tianran shuguo meirong mifang* [Natürliche Schönheit durch Obst und Gemüse]. Hangzhou 2003.

Gu Kuiqin: *Doulei yingyang baojian yu shiliao* [Gesunde Ernährung mit Hülsenfrüchten]. Beijing 2002.

Gu Kuiqin: *Jun zaolei yingyang baojian yu shiliao* [Gesunde Ernährung mit Pilzen und Algen]. Beijing 2002.

Guo Hua: *Shucai yaoyong qiaozhi baibing* [Mit Gemüse Krankheiten heilen]. Shenyang, 2. Aufl. 2001.

Hornfeck, Susanne/Ma, Nelly: *Chinesische Hausmittel.* München 2002.

Jiang Meiling/Zhang Wanru: *Jiankang meishi – dasuan* [Heilrezepte mit Knoblauch]. Beijing, 2. Aufl. 2000.

Li Chaunxiu: *Qingsong shengqian de baojian miaofang* [Einfache und preiswerte Gesundheitstipps]. Shanghai 2002.

Ma Bianliang: *Cha jiu mi cu cong jiang suan - yaoyong daquan* [Die Heilanwendung von Tee, Alkohol, Honig, Essig, Lauch, Ingwer und Knoblauch]. Beijing, 2. Aufl. 2002.

Ma Fengqin u.a.: *Doufu caipu* [Tofurezepte]. Shenyang 1984.

Sun Liqun: *Chichu jiankang xilie - douliaopian* [Essen Sie sich gesund - mit Bohnen]. Guangzhou 2002.

Sun Liqun: *Chichu jiankang xilie - suanliaopian* [Essen Sie sich gesund - mit Knoblauch] Guangzhou, 2. Aufl. 2002.

Tianjinshi di'er shangye xuexiao (Hrsg.): *Dazhong caipu* [Volksküche. Rezepte der Fachklasse Gastronomie der Handelsschule, Nummer Zwei, Tianjin]. Tianjin 1979.

Wang Fuchun, Duan Yuhua: *Frühlingszwiebeln, Ingwer und Knoblauch - Wundermittel gegen Krankheiten.* Verlag für fremdsprachige Literatur, Beijing 2000.

Wang Huaxing: *Liang cai guo zhibing yangsheng miaofang* [Heilen und Vorbeugen mit Getreide, Obst und Gemüse]. Beijing, 2. Aufl. 2002.

Yang Shuyuan: *Cong jiang zhi baibing* [Die Heilkraft von Frühlingszwiebeln und Ingwer]. Tianjin, 2. Aufl. 2002.

You Zhuang: *Dasuan de shenqi miaoyong* [Die wunderbare Heilkraft des Knoblauchs]. Shanghai 2001.

Register